刊行にあたって

　本論文集は,「新・アジア家族法三国会議」における貴重な報告・議論を踏まえた共同研究の成果をまとめたものである。

　この「新・アジア家族法三国会議」は,日本・韓国・台湾の三国間で,家族法における重要なテーマを選定し,各国の学界・実務界から最適な報告者に個別報告をいただき,議論を行う国際会議である。前身である「アジア家族法三国会議」は,1983年から2009年まで23回にわたり開催され,その充実した報告や討議の積み重ねは,三国の家族法制度に関する研究・実務に多大なる貢献を果たしてきた。

　その後,三国を含めたアジア諸国における情勢の変化,家族法や周辺制度をめぐる改正,司法改革の動きと連動した法学教育における変革,研究者等の世代交代等を踏まえ,この会議の持続的発展を目指し,新たな企画・運営委員会を設置し,2011年から新生会議としてスタートを切ったものである。

　本書に収録した研究のもととなった第11回新・アジア家族法三国会議は,2022年11月26日,オンラインにて開催された。その際のテーマは,本書タイトルにもあるとおり「超高齢社会に備えるための遺言及び信託の活用」である。テーマ選定の趣旨と個別報告の詳細については,本書内の各論稿をご精読いただきたい。

　各国の研究者・実務家による紹介と比較研究によってそれぞれの課題を検討することで,三国が相互理解を深め,将来の理論や実務及び制度改革に寄与をしたいという願いから選定された本テーマのもと,会議当日は,充実した報告と,熱のこもった活発な議論が展開された。

　この会議を基礎とした共同研究の成果を本書に収めることにより,より多くの方々に新・アジア家族法三国会議の意義や充実した報告や討議の内容を理解していただき,各国の法制度へのさらに深い理解や将来への課題を共有していただけること,ひいてはアジア諸国において同様のテーマの検討がなされる際に,共同研究の成果を広く参酌することができるよう,心から願うものである。

　最後に,本書刊行に当たって多大な貢献,ご協力を賜った執筆者・翻訳者・編集者をはじめとする全ての皆様に,心より感謝を申し上げる。

　新・アジア家族法三国会議が,今後も,より多くの方々の参加を得ながら発展し,アジアの家族法制度の研究・教育・実務の一層の充実と発展にいくらかでも寄与できることを願ってやまない。

　2023年9月

「新・アジア家族法三国会議」運営委員会

目　次

執筆者一覧

企画の趣旨　申　榮　鎬（SHIN, Young-Ho ／高麗大学校法学専門大学院名誉教授）

　　　　　　禹　柄　彰（Woo, Byoung-Chang ／淑明女子大学校教授）

　　　　　　文　興　安（MOON, Heung-Ahn ／建國大学校法学専門大学院名誉教授）

第1章

　第1節　赤沼　康弘（AKANUMA, Yasuhiro ／弁護士）

　第2節　新井　　誠（ARAI, Makoto ／中央大学研究開発機構教授）

第2章

　第1節　崔　秀　貞（Choi, Su Jeong ／西江大学校法学専門大学院教授）

　第2節　金　相　勲（Kim, Sanghoon ／法務法人トリニティ代表弁護士，法学博士）

第3章

　第1節　黄　浄　愉（Ching Yu Hwang ／輔仁大学法学部准教授）

　第2節　黄　詩　淳（Sieh-Chuen Huang ／台湾大学法律学院教授）

総　括　　申　榮　鎬（SHIN, Young-Ho ／高麗大学校法学専門大学院名誉教授）

第2章日本語作成

　　　　　　金　亮　完（KIM, Yang-Whan ／大阪経済法科大学法学部教授）

企画の趣旨

　出生数減少・平均寿命の延伸により，全人口のうち14歳以下人口の割合が縮小し，65歳以上の高齢者の割合が増加している現象は，日本・台湾・韓国の三国全てに共通する状況といえる。そして，その傾向はますます加速すると予測される。世界最高の長寿国と呼ばれている日本の場合，1970年に高齢化社会に進入し，1994年には高齢社会に，2005年には超高齢社会に至り，2021年9月15日時点では，高齢者の人口比率が29.1％になり，2040年には35.3％に達すると予想される。台湾の場合，1993年に高齢化社会に，2018年には高齢社会に突入し，2025年には超高齢社会，2040年には高齢者人口比率が30.2％に達すると予測される。韓国の場合，2001年に高齢化社会，2018年には高齢社会に至った。高齢人口の構成比は，2020年の15.7％から急速に増加し，2025年には20％を超えて超高齢社会に突入すると推計され，どの社会よりも早い高齢化傾向を見せている。

　超高齢社会を迎えるにあたって登場する諸般の法的課題を解決するための方策は，様々な領域で準備されなければならない。新・アジア家族法三国会議は高齢社会で提起される相続法の課題と関連し，2018年第5回会議において，相続法の沿革及び相続法改正の社会的背景・その動向，相続法の基本構造及び相続法上の課題，並びに相続法とその周辺制度について議論を進めた。ただし，この会議では，高齢者自身の意思に基づく老後設計案については多くの議論ができなかった。

　高齢者が自分の意思に基づいて身上保護や財産管理の不安等に対処するために活用できる現行法制としては，いくつか挙げられる。任意代理制度や任意後見契約制度を通じて，財産管理と身上保護を図ったり，条件付又は負担付贈与を利用して老後扶養を図ったり，生前贈与や遺言を活用した財産承継の方策を設計することができると考える。

　また，高齢者保護のための民法上の制度としては，成年後見制度が挙げられる。日本と韓国の成年後見制度は，法定後見と任意後見の二つで設計されている。法定後見の場合に提起される問題点の一つは，成年後見人による横領・背任などの不正行為の発生可能性である。これを防止するため，日本の場合，成年後見開始の審判時の家庭裁判所の指示書に基づき，後見制度支援信託が活用されている。韓国の場合には金融機関が扱う信託商品の一つであり，その利用の程度は低い方である。制度的な補完が必要だと思う。

　様々な要因で，本人の意思に基づく財産承継案を設けなければならない要請がますます増大することは，避けることができない。相続設計のために活

用可能な現行法上の生前贈与は，相続開始後の特別受益による相続分調整や遺留分による制約により高齢者の当初の意図の実現が容易に阻止されてしまう。現行の遺言法が超高齢社会の相続設計の手段として適切かについての疑問が生まれる。この点で日本の場合，2018年相続法改正で遺言利用を促進するため，自筆証書遺言の方式の緩和，遺言書の保管制度も導入し，遺言執行者の権限明確化を図り，遺留分権の金銭債権化，遺留分算定基礎財産の範囲変更，事業承継のための債務承継等の補完が行われた。これに先立ち，2009年3月から施行された「中小企業における経営の承継の円滑化に関する法律」において，家業（事業）承継のための遺留分特例制度を導入した。台湾では，2016年自筆証書遺言方式の改正が試みられたのみで，遺言法制に関する改正の動きはない。韓国でも兄弟姉妹の遺留分権を廃止する民法改正案が2021年11月に立法予告されたのみで特別な動向はない。

　高齢者の財産管理及び財産承継のための方策として最近注目されている新たな手段としては，信託制度がある。まだ信託制度も利用が活性化されていないようだが，最近は銀行・証券・保険など金融機関で遺言代用信託などをはじめとする高齢者のための様々な種類の信託商品を取り扱っている。特に創業主である企業経営者が70歳以上の場合には，家業承継の問題が提起される。高齢の経営者の立場では，生存中には経営権を最大限維持することを望むこともあり，経営者の死後には相続人間の相続紛争が発生した場合，長期間の相続財産分割がなされないことにより，経営権に深刻な空白が発生する可能性がある。その過程で株式が散逸し，経営権を守れない場合も起こり得る。これらの問題を解決するために，後継者に家業を承継させる手段として，家業承継信託（株式信託），遺言代用信託などの方式を活用する必要がある。経営者は生前に経営権を維持しながら議決権と配当権を分離することで遺留分問題にも備えられるのだ。

　そこで，日本，韓国，台湾の3か国にいて，遺言利用の現状と課題，及び民事信託，家族信託，遺言信託などの信託制度の活用の現状と課題，立法動向を整理するとともに，高齢者の財産管理・承継における信託制度と成年後見制度，及び遺言制度の連携について，今回の会議では比較共同研究を行う。

　2023年8月

高麗大学校法学専門大学院名誉教授　申　榮　鎬
淑明女子大学校教授　禹　柄　彰
建國大学校法学専門大学院名誉教授　文　興　安

第 1 章

日本における遺言及び信託の活用

第1節

高齢者の自己決定による
生活設計と財産承継

赤沼　康弘

I　はじめに

　1999（平成11）年，日本では超高齢社会の到来に備えて法定後見制度の改正が行われ，同時に任意後見制度が創設されて2000（平成12）年から施行された。

　任意後見制度は，判断能力減退後の財産管理と身上保護を，自分が信頼する者に対して自らが決定した内容で委ね，併せて受任者の権限乱用防止のために公的監督を付すという制度であり，安全性も非常に高い制度である。この任意後見制度の利用を老後の財産管理や生活設計の中心に据えて，任意後見発動の機会を見失わないように見守り契約をし，また判断能力減退以前においては，煩わしい事務を他に委ねたいという希望に合わせた任意の財産管理契約を締結し，さらに死後の葬儀や直後の事務処理を委任する死後事務委任契約，そして財産を自らの決定により承継させる遺言を作成するという一連のプランが提案されている。

　しかし，残念ながら，任意後見制度の利用は低迷している。このため，2016（平成28）年5月施行の成年後見制度利用促進法の下で，その利用促進策が検討されている段階にある。

　また，一人暮らし高齢者の急病時の対応，死後直後の事務に対する不安は大きく，さらに多くの病院や高齢者施設が入院，入居するに身元保証人を要求することから，身元保証を受託し，併せて入院時の雑用に対応し，死後事務も引き受けるという高齢者身元保証等サポートサービス業という事業も行

5

われるようになっている。ただし，これらの事業者の質は一定しておらず，濫用も見られることから，まだまだ開発途上にあると言わなければならない。

　最期の財産承継に関しては，2018（平成30）年には民法（相続法）の改正が行われ，より円滑な承継を目指して法整備が行われた。遺言書作成件数は年々増加しているものの，高齢者人口と比較すると利用は必ずしも多いとは言えない。このため，この改正の際，遺言書の利用を促進するための制度の改正も行われた。

　本稿では，高齢者の身体が不自由になったり，判断能力が減退したときの生活の不安に備え，また最期は保有する財産を可能な限り自らの意思で処分したいという希望をかなえる制度やシステムについて検討する。

Ⅱ　遺言による財産承継
1　遺言書作成の実情と法改正

　財産承継に関しては，生前贈与や死因贈与もあるが，やはり主に利用されるのは遺言である。遺言者の財産承継に関する意思を残し，また相続人間の紛争を防ぐ目的もあって，その利用は徐々に増えつつある。

　2009（平成21）年1年間に全国で作成された遺言公正証書は77,878件，2019（令和元）年は113,137件となり[1]，2009年の検認新受件数は13,963件，2019年は18,625件[2]と増加している。自筆証書遺言の作成に関しては，2018（平成30）年で2,117,105件という推計もある[3]。遺言書作成数は年々増加しており，これは法定相続を基本とする相続法制の下にあっては相応の件数ということができよう。ただし，2020（令和2）年の75歳以上の高齢者人口が1870万人であること[4]との比較からみると，未だ多いとは言えず，一層の利用促進が求められている[5]。

　自筆証書遺言書は，作成は比較的容易だが，保管方法の問題と検認が必要となる点が利用障害になると言われ，公正証書による遺言書は作成時の手続が面倒だと言われていた。日本の検認手続は非公開ではあるが，家庭裁判所に検認申立てをするにあたり法定相続人全員を調査し，その目録を提出しなければならない（書記官が調書に記載する。家事事件手続規則114条，115条）。検認

の立会の機会をあたえるためであるが，その調査はかなり煩雑なことがある。

　このため，自筆証書遺書については，「法務局における遺言書の保管等に関する法律」の制定により自筆証書遺言書保管制度が創設（2020（令和2）年7月10日施行）され，保管された自筆証書遺言書に関しては検認を受ける必要がないこととなった（同法11条）。その利用状況は，2022（令和4）年6月までの過去1年間で保管件数16,567件となっている[6]。なお，自筆証書遺言の方式についても，2018（平成18）年の民法改正で，財産目録を使用する場合の緩和がなされ（民法968条2項），作成の簡易化も進められている。

2　遺言者の真意の探索

　しかし，遺言はいわゆる後期高齢者による作成が多いことから[7]，認知症が高度に進行した後に作成されたり，また不明瞭な遺言も多くなり，遺言書作成件数が増加することにともなって，遺言の効力が争われる事例も増加している。

　遺言の解釈に関して判例は，以前から遺言者の意思を尊重することの重要性を示してきた。最判昭和58年3月18日は，「遺言書の文言を形式的に判断するだけではなく，遺言者の真意を探究すべきものであり，……遺言書の全記載との関連，遺言書作成当時の事情及び遺言者の置かれていた状況などを考慮して遺言者の真意を探究し当該条項の趣旨を確定すべきものであると解するのが相当である」[8]とし，最判平成5年1月19日は，「遺言の解釈に当たっては……可能な限りこれを有効となるように解釈することが右意思に沿うゆえんであり，そのためには，遺言書の文言を前提にしながらも，遺言者が遺言書作成に至った経緯及びその置かれた状況等を考慮することも許される」としている[9]。遺言者の意思を可能な限り探究するとの観点はまさにその意思の尊重に適うことである。ただし，その解釈自体に客観的相当性がないときは，「死者のあいまいな意思に生者が翻弄されている」との批判にさらされることになる[10]。

　例えば，「財産を全てまかせる」との遺言でも，遺言解釈のケーススタディとも言える例がある。東京高判昭和61年6月18日（判タ621号141頁）は遺

贈を否定してこれを認めた原判決を取り消した。包括遺贈するほどの関係が
ないこと，まかせるという言葉には，他人の物とするという意味を含んでい
ないとした。同様の遺言で，大阪地堺支判平成25年3月22日は包括遺贈を否
定して遺産分割手続を中心となって行うよう委ねたものと解したが，控訴審
大阪高判平成25年9月5日（判時2204号39頁）は，遺言者との信頼関係，過去
に贈与したことがあることや本件遺言が遺産分割手続をすることを控訴人に
委せる趣旨であるとすると，そもそもそのような遺言は無意味であるなどの
理由で，遺産全部を控訴人に包括遺贈する趣旨のものと認定した。

　可能な限り有効にとの姿勢は，要式に関しても示されている。最判令和3
年1月18日は，自書と押印の日が異なり，日付が自書の日となっていた例で
も，押印した日に遺言が完成したというべきであり，日付はこれと異なるが，
民法968条1項が，自筆証書遺言の方式として，遺言の全文，日付及び氏名
の自書並びに押印を要するとした趣旨は，遺言者の真意を確保すること等に
あるところ，必要以上に遺言の方式を厳格に解するときは，かえって遺言者
の真意の実現を阻害するおそれがあるとして，それで直ちに無効となるもの
ではないとした[11]。この例では日付と押印の日が比較的近く，また押印日
が明確であったという事情がある。

　他方，本人の遺言の意思能力に疑問があるときは，事情が異なる。本人の
精神状況を詳細に観察して，公正証書遺言でも意思無能力無効とした裁判例
が一定数出されている[12]。高齢となり判断能力が減退した状況で遺言が作
成され，明らかに誤導されたと見られる例や，入居ホームに遺産の大半を寄
付する遺言書なども見られることから，可能な限り有効にとばかりは言って
いられない。認知症が進行すると意思能力の減退が始まるが，相当高度に進
行しても日常のあいさつ等日常で繰り返し経験してきたことはできるという
ことがある。署名などは，遺言を誘導しようとする者が事前に何度も練習を
させていたという例もある。

　高齢者の遺言作成に関わる専門家は，本人の判断能力や誤導の有無を確認
するため，遺言者の意思を自らの言葉で語らせることを意識すべきであ
り[13]，同時に当該遺言内容が本人のそれまでの本人の生活歴や受遺者との

関係に適合しているか等にも配慮することが求められる[14]。

Ⅲ　遺留分の制約

　日本の相続法制は遺言自由の原則をとりつつ，遺留分による制約をしている（民法1042条以下）。遺言者の意思がどの程度確定的だったのかということのほか，遺言作成の背景には推定相続人との関係や遺産形成の来歴その他様々な事情が存することを考慮すると，遺留分による制約は相応の調整作用を果たしているものと評価できる。

　しかし，遺留分の制約は，事業承継においてはひとつの障害になるとして問題視されている。これを受けて，中小企業における経営の承継の円滑化に関する法律（経営承継円滑化法，2008（平成20）年10月施行）による遺留分の制約緩和が可能となった。これは，事業後継者とその推定相続人全員の合意の上で，経営者から後継者に贈与等された自社株式の価額について，①遺留分を算定するための財産の価額から除外（除外合意），②遺留分を算定するための財産の価額に算入する価額を合意時の時価に固定（固定合意）をすることができる（両方を組み合わせることも可能）という制度である。また円滑化法の認定を受けると相続税の納税猶予制度の適用が受けられるとする税制改正もなされた。

　しかし，利用件数は2020（令和2）年1年間で54件にとどまる。合意を得ることはそう容易ではない。さらに株式の評価，経済産業大臣の確認，家庭裁判所の許可が必要となるなど，手続も煩雑である。現行制度下にも遺留分放棄の制度があり（民法1049条），この場合は放棄者も家庭裁判所に対する申立てが必要ではあるものの，その利用との優劣はそれほど大きいとも言えない。

　なお，2018（平成30）年相続法改正により遺留分減殺請求が侵害額請求に変わったことにより（民法1046条），遺産の承継自体は阻害されないことになった。

Ⅳ　特定財産承継遺言における遺言執行者の権限の明確化

　2018（平成30）年の相続法改正により，遺言執行者の権限が明確化された（民法1012条から1015条）。ここでは，遺言執行実務においてこれまでかなり激しい議論があった相続させる旨の遺言における遺言執行者の権限について触れることとする。

　現在では，推定相続人に承継させるときは相続させる旨の遺言とするのが一般的となっているが，この改正により，相続させる旨の遺言につき，遺産の分割方法の指定として遺産に属する特定の財産を共同相続人の一人又は数人に承継させる旨の遺言を特定財産承継遺言と言うものとし，遺言執行者の対抗要件及び預貯金債権に関する権限が明文化された（民法1014条 2 項・ 3 項）。

　特定財産という用語が用いられると，相続人の一人に全部相続させる旨の遺言は，含まれないように見え，全部相続させる遺言は特定財産承継遺言と解すべきではないとの見解もあるが[15)]，全部相続させる旨の遺言も，相続分の指定とともに遺産分割方法を指定したものであり，また全部とは特定財産の集合体をいうものとの理解から，ここに含まれると解してよいであろう[16)]。

　しかし，その遺言執行者の相続登記や預金解約権限をめぐっては，この改正前には激しい論争があったので，その概要を紹介しよう。

　特定の財産を特定の相続人に相続させる旨の遺言の効力については，最判平成 3 年 4 月19日（民集45巻 4 号477頁）以来，遺産分割方法の指定であり，特段の事情がない限り，何らの行為を要せずして，被相続人の死亡のときに直ちに相続により承継されるとするのが確定した判例となっていたため，遺言の執行を必要とする余地はないようにみえた。

　これを受けて，最判平成 7 年 1 月24日（裁判集民174号67頁）は，相続させる旨の遺言により，受益相続人が単独で所有権移転登記手続をすることができ，遺言執行者は遺言の執行としての登記手続の義務は負わないとした[17)]。登記実務も，相続させる旨の遺言は，遺産分割方法の指定であり，これによる取得は相続と解されるので，受益相続人が単独で相続登記の申請をすることができ（現不動産登記法63条 2 項），遺言執行者に相続登記を申請する代理権は

ないとしていた[18]。もっとも，その後，最判平成11年12月16日（民集53巻9号1989頁）は，相続させる旨の遺言においては，受益相続人は不動産登記法により単独で登記申請をすることができるとされているから，当該不動産が被相続人名義である限りは，遺言執行者の職務は顕在化せず，登記手続をすべき権利も義務も有しないが，他の相続人が自己名義の所有権移転登記をしたため遺言の実現が妨害されるような状態が出現したような場合は，遺言執行者の権限行使ができるとしていた。

しかし，遺言者が遺言執行者を定める趣旨は，遺言内容を確実に実現させるところにあることから，これに対する批判もなされていた[19]。

平成3年判決の理は，預貯金債権に関する遺言執行者の権限にも同様に当てはまる。このため，下級審においてこれに合わせて遺言執行者の権限を否定する判決が出されることとなったが，他方，肯定する裁判例もあり，さらにこれをめぐって実務家の間でも激論がかわされた[20]。

しかし，相続させる旨の遺言において遺言執行者を指定している場合の遺言者の通常の意思は，預金を円滑に払い戻して受益相続人に現金を交付させるところにあると考えられ，その意思を実現するには執行が必要であり，また，現金交付か預金債権の名義移転かの選択を遺言執行者に委託しているとも解される。公正証書遺言作成においては，相続させる旨の遺言でも遺言執行者に預金払戻しの権限があることを明確にするため，その権限を付与する旨の記載をしている。

これらの論争は，2018（平成30）年の民法（相続法）改正により，終止符が打たれることとなった。ただし，この権限に関する民法1014条の2項（対抗要件具備権限），3項（預貯金に関する権限）及び4項は，施行日前の遺言には適用されない（附則8条2項）ため，実務上は依然として問題が残されている。

V　判断能力減退に備える法的支援制度

1　任意後見制度

任意後見制度は，高齢となり認知症等で判断能力が減退したときの備えとして，1999（平成11）年，法定後見制度の改正とともに任意後見契約に関す

る法律により創設されたものである。自らの意思により，判断能力減退後に委任する事務処理の範囲と委任する任意後見候補者を決める委任契約に任意後見監督人という公的監督の仕組みを付加した制度であり，自己決定の制度に安全性を付け加えた理想的な制度と考えられた。この制度立案担当者からも，成年後見制度の中心は，理念的・法制的には法定後見から任意後見制度に移ったと考えるべきであろうと説明されていた[21]。

　西欧各国でも，国連障害者の権利に関する条約が批准されるとともに，安全性に裏付けられた任意代理支援に対する期待が高くなっていった[22]。同条約は，障害者の自己決定権を最大限尊重することを求めているからである。締約国は，いずれも同条約12条がラストリゾートとしての法定代理を否定するものではないとするが，本人の意思を重視し，意思決定支援を障害者支援の基本にしようとする傾向は世界的潮流となり，併せて法定代理については，必要性の原則と補充制の原則の徹底が強く意識されるようになっている[23]。

2　任意後見制度の利用状況

　しかし，日本における任意後見制度の利用は低迷しているというほかない。2019（令和元）年の任意後見監督人選任申立件数は748件，同年度段階の任意後見利用者数は2,652人に止まる[24]。同年度の法定後見申立件数は，後見26,476件，保佐6,745件，補助1,990件，利用者総数は221,790人であるから，日本法制の下においても任意後見制度利用者数の低さは際立っている。なお，任意後見契約登記総数は2019年7月で120,962件であり[25]，任意後見監督人が選任されている件数との乖離もはなはだしい。

　このような実情を踏まえて，2021（令和3）年に法務省が行った「令和3年度利用状況に関する意識調査」[26]によると，「任意後見制度について，不便や不都合を感じた点，制度を改正すべきだと感じた点」に関する質問に対し，公正証書を作成するために公証役場に行くのが負担に感じる1,963人（17.7%），任意後見監督人に報酬が支払われることが負担に感じる1,685人（15.2%），任意後見監督人や家庭裁判所による監督が負担に感じる2,142人（19.3%），一定の公的機関等への簡便な定期報告により監督を受けるものと

するなど，監督の負担を軽減する仕組みにすべきと感じる2,545人（23.0％）との回答があったということである。任意後見制度に関するシンポジウムや相談会等でも同じような不満が聴かれる。任意後見制度が，濫用を防止するため公正証書による契約と任意後見監督人の監督を付したことが利用障害となっているというわけである。確かに，公証役場に出向くこと，家庭裁判所に選任申立てをすること，監督人の監督を受けかつ報酬を負担しなければならないこと等は，負担にはなるであろう。

　しかし，公的監督を軽減することは，常につきまとう濫用のおそれを考慮するとき，やはり慎重であらねばならない。任意後見監督の程度をケースによりある程度縮小できることとして監督人報酬を軽減すること等は考えられるであろうが，濫用防止策の重要性を軽視すべきではない。

　また，核家族化により身寄りのない高齢者にとっては，適切な任意後見人候補者をさがすことが容易ではないという課題もある。任意後見を受託することを標榜する団体や個人が活動しているが，その質を保障するシステムは整備されていない。

　他方，当初予想されなかった濫用的事例が見られるようになった[27]。財産管理の主導権をとろうとの意図の下に判断能力が減退した高齢者を任意後見契約に誘導して包括的な権限を授権させたり，移行型の任意後見契約において，判断能力減退後も任意後見監督人の監督を嫌って選任申立てをせず，委任による財産管理を継続するなどの事例が報告されている。

　本人の自己決定によるテーラーメイド型支援制度として，任意後見制度が支援の中心的役割を担うためには，これらの課題を克服することが必要である。

3　任意後見と他の支援契約との総合的利用

　任意後見制度は精神上の障害による判断能力の減退がなければ利用できない。高齢になって財産管理等の事務が煩わしくなっても，それだけでは利用できないため，任意の財産管理・身上監護契約を締結することも行われている。また任意後見契約を締結しただけでは，任意後見受任者が本人の判断能

力の減退を知ることができないことから，見守り契約[28]を結んで本人の身上を見守ることも推奨されている。

さらに，死後事務の処理を委任する契約も一定程度利用されている。これは，死亡直後に必要となる事務，葬儀，納骨，高齢者施設の退去，ホーム利用料や医療費の支払い等を委任するものである。委任は本人の死亡により終了とするとされているが（民法653条1号），これは任意規定と解されており，また委任者が解除できないことを合意することにより，法定相続人による解除もできないものとなる。

任意後見契約の利用方法としては，その効力発効の時期との関係で，既に判断能力が減退しているときに契約を締結して直ちに発効させる「即効型」，将来判断能力が減退したときのための「将来型」，判断能力減退以前には任意の財産管理契約を，減退が開始したときに任意後見を発効させる「移行型」の3種類がある。判断能力減退後の備えをするという任意後見のあり方からするならば，将来型を基本形とすべきであろう。自らの決定の機会をより多く保障するという趣旨から考えると，既に判断能力が減退している者であっても，利用できることが望ましいが，誤導されるおそれ等契約締結能力からみた困難さがあり，さらに移行型にも後に述べるような問題点があるからである。

このようにして，高齢者の法的支援に関しては，将来型任意後見契約を核として，任意後見契約発効前の支援は見守り契約で，本人の死亡による任意後見終了直後の事務は死後事務委任契約で，各支援するという，複合的・総合的活用が考えられる。これが複合的活用の基本パターンというべきであろう。これに，本人の必要に応じて任意の財産管理契約，終末期医療に関する事前指示書や遺言書作成を検討することにより，将来設計プランに厚みが増すことになる。

4　各支援契約の課題

(1)　任意後見契約発効前の支援契約

任意後見契約は，任意後見監督人が選任された段階で効力を生ずる契約で

あるから，受任者は，委任者が任意後見を必要とする状況になった場合には適切に任意後見監督人選任申立てをする義務あると解され，その旨の文言を任意後見契約に入れるようになっている[29]。しかし，任意後見受任者が本人の状況を確認することがなければ，その時期を失することとなる。特に，受任者が親族以外の第三者，弁護士や司法書士である場合には，任意後見契約発効までの間における委任者との相互関係を基礎づける契約がなければ，それまでの間，放置することになってしまう。これを明確にするものが，見守り契約やホームロイヤー契約である。

　見守り契約等は，任意後見契約の前段階としての意味を持つが，本人が任意後見契約まで踏み切れない場合には，見守り契約等により，信頼関係を築き，いわば気心が知れるようになった段階で，任意後見契約を締結するというあり方も考えられる。最初から任意後見契約という重い契約をするのではなく，まずは，見守り契約により，相互信頼関係をつくることを先行させるわけである。

　なお，前述のとおり，任意後見契約締結数と発効数とには大きな乖離がある。そこには手続や報酬の負担を嫌って任意後見監督人選任を申立てしないという例も相当数あることが推測される。特に任意の財産管理契約を締結してしまうと，判断能力減退後もそのまま事務処理を継続することができるため，移行の必要性を意識しなくなってしまう可能性がある。しかし，それでは何の監督もない財産管理が継続することになる。したがって，移行型における財産管理には，移行に関する何らかの点検システムが必要と考えられる[30]。

　弁護士会によっては，任意の財産管理について，弁護士会の高齢者障害者総合支援センターが監督をするシステムを運用し，任意後見契約移行前の財産管理契約もその対象として，移行型の課題解消を目指している。東京弁護士会のシステムでは，財産管理契約内で，同センターの監督に服することを受任者の義務とし，センター担当委員が立会人的立場で契約書に署名するものとしている。担当委員は，適切に任意後見契約に移行させるための助言，監督を行う。また，公益社団法人成年後見センター・リーガルサポート東京

支部は，同支部会員の財産管理等に関する代理契約について，原則として同支部が契約に加わるとするシステムを運用している。支部会員に限定されるものの，支部が指導監督することを原則としているもので，安全対策として注目される[31]。

(2)　判断能力喪失後の医療に関する支援

判断能力喪失後における医療の問題も高齢者がかかえる大きな不安の一つである。一人暮らしの高齢者には，判断能力がなくなった後に適切な医療を受けられるかという不安や，単に延命にすぎない医療を拒否したいという希望を持つ者も多い。

しかし，任意後見契約は，法律行為の代理権委任契約であるから，医療契約締結の権限を委任することはできるが，一身専属的事項であり，また法律行為でもない医療の同意・不同意を委任することはできない。医療の決定は，患者本人の自己決定により行われなければならず，患者に決定する能力がないときは，その推定的意思にしたがうこととなる[32]。

そこで，任意後見人がその推定的意思の根拠となる医療の事前指示書[33]や尊厳死宣言証書[34]の委託を受けてを保管し，これを医師に伝えて尊重させることにより本人の希望を叶えることが考えられる。このような事務の委託は任意後見契約そのものではないが，これに付随して契約することにより，本人の不安に応えることができるわけである。

ただし，事前指示書や尊厳死宣言等の作成においては，拒否する延命医療の内容を具体的に確認し，必要な医療まで排除することのないよう注意しなければならない[35]。また作成後は，本人の意思に変化がないかどうかにつき適宜確認し，その兆候を把握するよう努めることが求められる。

(3)　死後事務委任契約

生前に，自らの死亡直後の事務処理を委任する契約を締結することも徐々に増えている。これは，死亡直後に必要となる事務，葬儀，納骨，高齢者施設の退去，その利用料や入院費の支払い等を委任するものである。民法上，委任は本人の死亡により終了するとされているが（民法653条1号），これは任意規定と解されており，また死後の事務を委任契約に従って履行することを

依頼しているのであるから，委任者の相続人等が解除できないことを含むものとされている[36]。

　死後事務の委任については，かつては，遺言書に葬儀の依頼や費用の支払い等を付言として記載し，遺言執行者に依頼するものが多かった。しかし，これは遺言事項ではないため，あくまでも付言にすぎず，遺言執行者の職務とはなり得ない。このため，別途，死後事務委任契約を締結することにより，その権利義務関係を明確にするようになったわけである。その法的効力の及ぶ範囲については，相続法理との関係で議論があるが，一定の限度で有効であることは承認されている。一人暮らしの高齢者のなかには，まず死後の葬儀や埋葬のことから不安をいだき，将来の対策を考え始めるという者もある。

　他方，成年後見制度は法的支援制度であり，本人が高齢者施設に入居する場合の身元保証の対応はできず，買い物支援までは通常行わない。このため身元保証等高齢者サポートとして，これらのサービスを行う事業者が現れている。その提供するサービスは，内閣府の消費者委員会の調査によると，以下のように多岐に亘る[37]。

　身元保証サービス

　　病院・福祉施設等への入院・入所時の身元（連帯）保証

　　賃貸住宅入居時の身元（連帯）保証

　日常生活支援サービス

　　在宅時の日常生活サポート

　　（買物支援，福祉サービスの利用や行政手続等の援助，日常的金銭管理等）

　　安否確認・緊急時の親族への連絡　等

　死後事務サービス

　　病院・福祉施設等の費用の精算代行

　　遺体の確認・引取り指示

　　居室の原状回復，残存家財・遺品の処分

　　ライフラインの停止手続

　　葬儀支援　等

　これらの事務の多くは，成年後見制度で対応することができる。ただし，

契約上の義務の連帯保証をすることは，法定後見人はもとより任意後見人も原則としてできない。保証債務を履行すれば本人に対する求償関係が生じ，利害が対立することになるからである。また，このようなサービスのなかには法的支援制度では対応困難なものもある。このため，これらのサービスを行う事業の必要性は否定できない。

　しかし，これらの事業者のなかには，多額の預かり金の流用，利用者に遺言や死因贈与契約をさせて当該事業者や関連施設に財産を寄付させるという濫用例も見られ[38]，それら事業者の質の確保が課題となっている。

Ⅵ　最後に

　わが国では，超高齢化と核家族化が急速に進行してきた。2021年の全人口に占める高齢者の割合は28.8％で，世界各国のなかで最も高い[39]。このため，高齢者が安心して老後を過ごすための備えや，財産承継を自らの意思で決めておくことに関する制度が安心して利用できるようにすることは，先送りできない大きな課題でもある。

　契約社会として未だ十分に成熟していないわが国で，本稿で述べたような仕組みが市民の間に浸透するには，迅速に利用障害を改善し，制度の利点を平易に説明して繰り返して啓発活動を行う必要がある。併せて，制度の運用に関わる者は，濫用に対して監視の目を光らせる必要もある。これらの制度を社会に定着させるため，運用に係わる者は大きな責任を負っているといえよう。

【注】
1）日本公証人連合会統計。
2）最高裁判所司法統計年報。
3）株式会社リベルタス・コンサルティング「平成29年度法務省調査　我が国における自筆証書による遺言に係る遺言書の作成・保管等に関するニーズ調査・分析業務報告書」（平成30年3月）による平成30年アンケート調査からの推計。
4）総務省統計局ホームページ・高齢者の人口から。
5）日本弁護士連合会は，毎年4月15日を「遺言の日」として全国の単位会で遺言への関心を高めるため相談事業等を行うよう働きかけており，また，銀行関係では11月15日を遺言の日として啓発行事を行っている。なお，それぞれの日にちの設定は語呂合わ

せによるものと思われる。

6) 法務省民事局公表

7) 前注 3 ）の調査によると，作成率が最も高いのは75歳以上で「自筆証書遺言を作成したことがある（6.4％）」「公正証書遺言を作成したことがある（5.0％）」で，自筆証書遺言・公正証書遺言共に年代が上がるにつれて作成率も上がる傾向にあるという（同報告書11頁）。

8) 最判昭和58年 3 月18日裁判集民138号277頁

9) 最判平成 5 年 1 月19日民集47巻 1 号 1 頁

10) 伊藤昌司「平成 5 年度重要判例解説」ジュリ臨時増刊1046号100頁

11) 最判令和 3 年 1 月18日判時2498号50頁

12) 大阪高判平成19年 4 月26日判時1979号75頁，東京高判平成25年 3 月 6 日判時2193号12頁，東京地判平成20年11月13日判時2032号87頁，東京地判平成28年 8 月25日判時2328号62頁その他多数。

13) 東京高判平成27年 8 月27日判時2352号61頁は，公正証書遺言の方式は，遺言者の真意を確認し，もってその真意を確保し，遺言をめぐる相続人等の関係者間の紛争を防止するためのものであるから，そのためには，公正証書遺言における口授は，遺言者が公証人に対して自分の言葉で財産をどのように処分するかを語ることを意味するとの趣旨を述べて，それが認められない当該公正証書遺言を無効とした。なお，口授を欠くとして公正証書遺言を無効とした裁判例は，その他にも一定数ある。

14) 前掲注12) の東京地判平成20年11月13日の評釈者（神野礼斉）は，「本件は，遺言書の作成を依頼された弁護士が，本人の病状が悪化したためにあわてて遺言書を作成したケースのようにも思われるが，弁護士・公証人ともに遺言作成の手続きに関してあまりにも粗雑ではなかったか」とコメントしている（判タ1305号37頁）。

15) 松原正明『全訂第 2 版　判例先例相続法Ⅱ』（日本加除出版，2022年）21頁は，全部相続させる旨の遺言は相続分の全部指定の遺言であり，分割方法の指定ではないとする。片岡武＝管野眞一『改正相続法と家庭裁判所の実務』（日本加除出版，2019年）191頁も同旨を述べる。

16) 水野謙「相続させる旨の遺言と相続法の改正」ジュリ1535号67頁。潮見佳男編『新注釈民法⒆』（有斐閣，2019年）421頁〔副田隆重〕も，「こうした遺言は遺産を構成する特定の遺産を相続させる旨の遺言の集合体と考えて……全遺産について即時移転効が生じる」と説明しているので，同旨と考えられる。判例では，最判平成 8 年 1 月26日民集50巻 1 号132頁が，全部包括遺贈について，「遺贈の対象となる財産を個々的に掲記する代わりにこれを包括的に表示する実質を有するもので，その限りで特定遺贈とその性質を異にするものではない」とし，また，最判平成21年 3 月24日民集63巻 3 号427頁，最判平成23年 2 月22日民集65巻 2 号699頁はともに，特定の相続人に遺産の全部を相続させる旨の遺言は，「被上告人の相続分を全部と指定し，その遺産分割の方法の指定として遺産全部の権利を被上告人に移転する内容を定めたものである」と原審が確定した判断を肯定している。

17) 最判平成14年 6 月10日判時1791号59頁は，登記なくして対抗できるとした。

18) 登記研究523号140頁「質疑応答7200」。前掲平成 3 年最判以前は，旧不動産登記法27条に基づき，受益相続人と遺言執行者の権限は併存するとされていた。

19) 倉田卓次『解説・遺言判例140〔補訂版〕』（判例タイムズ社，1994年）231，239頁。河野信夫「特定の不動産を特定の相続人に相続させる趣旨の遺言における遺言執行者

の職務権限と当該不動産の登記請求事件における当事者適格」判例評論500号（判時1718号226頁）。

20）東京高判平成15年4月23日金法1681号35頁，東地判平成15年11月12日判タ1155号277頁は否定し，東京高判平成11年5月18日金判1068号37頁，東京地判平成24年1月25日判時2147号66頁は肯定した。日本公証人連合会は，全国銀行協会に「公正証書遺言に基づく預金の払戻し等についての要望」（平成15年2月17日付）を提出して公正証書遺言の信頼性が高いことを根拠に遺言執行者のみによる払戻に応ずることを求めたが，全銀協は，統一的・画一的な事務手続きを制定することは困難と回答した。木内是壽（元日本工業銀行参事）「日本公証人連合会から全国銀行協会宛の『公正証書遺言に基づく預金の払戻し等についての要望』について」判タ1163号92頁，反論として渡邊剛男（元日本公証人連合会法規委員長）「木内是壽氏の『日本公証人連合会から全国銀行協会宛の「公正証書遺言に基づく預金の払戻し等についての要望」について』と題する論文について」公証145号3頁がある。

21）小林昭彦＝原司『平成11年民法一部改正法等の解説』（法曹会，2002年）56頁。

22）日本は，2014（平成26）年1月20日に批准書を寄託した。2014年ワシントンDCで開催された第3回成年後見世界会議では，イギリスの永続的代理権やドイツの予防的（事前配慮）代理権，その他本人が選択した任意後見による支援が法定後見制度のオルタナティブとしてとって代わられるべきであると論じられた。第3回成年後見世界会議（The 3rd Congress on Adult Gurdianship）については，実践成年後見53号の特集を参照されたい。

23）イギリスでは，永続的代理権受任者には最大限の権限を認め，法定後見は特別の必要性が認められる場合に，権限はなるべく小さく，かつ短期間に留めている（菅富美枝『イギリス成年後見制度にみる自律支援の法理』（ミネルヴァ書房，2010年）169頁）。ドイツについては，フォルカー・リップ（熊谷士郎翻訳）「自分のことは自分で決める　法定成年後見制度に代わるものとしての『事前配慮代理権（Vorsorgevollmacht）』」成年後見法研究11号70頁。

24）最高裁判所事務総局家庭局「成年後見関係事件の概況―平成31年1月～令和元年12月－」。第3回成年後見世界会議におけるフォルカー・リップ報告によるとドイツにおける2013年の事前配慮代理権登録は230万件だという。

25）成年後見制度利用促進専門家会議第4回中間検証WGに提出された法務省民事局資料「法務省における制度の周知，不正防止の取組の現状等」（令和元年12月）10頁。

26）第13回成年後見制度利用促進専門家会議資料2－2「成年後見制度の利用促進に関する取組について－令和3年11月以降－」（令和4年5月）

27）濫用問題を深刻に考えさせられた事例として，大阪高決平成14年6月5日家月54巻11号54頁がある。これは，高齢の親の財産を巡って対立のある事案で，一方の子が法定後見の申立をしたところ，他の子が自己を受任者とする任意後見契約を締結して対抗した事案である。評釈として，二宮孝富・民商法雑誌128巻6号，山田真紀・平成14年度主要民事判例解説（判タ臨時増刊1125号）112頁，星野茂・実践成年後見20号138頁等がある。

28）東京弁護士会は，気軽な相談を受けられる契約としてホームロイヤー契約を推奨しているが，その内容に見守りを入れることもできる。ホームロイヤー契約については，新井誠ほか編『成年後見制度―法の理論と実務』（有斐閣，2006年）第5章〔中山二基子〕，冨永忠祐「ホームロイヤーの意義と成年後見」実践成年後見58号5頁以下参

照。

29) 日本公証人連合会『新版　証書の作成と文例―全訂　家事関係編』(立花書房, 2005年) 97頁以下の任意後見契約の文例には, 任意後見契約による後見事務を行うことを相当と認めたときは, 乙 (受任者) は家庭裁判所に対し任意後見監督人の選任の請求をするとの条項が設けられている。

30) 前注26) の法務省の調査は, この点に関する検討も前提としているようである。

31) 大阪弁護士会のシステムについては, 井上計雄「制度の担い手『ひまわり』」新井誠ほか編『成年後見法制の展望』(日本評論社, 2011年) 438頁, 稲岡秀之「移行型任意後見契約～リーガルサポート東京支部の三面契約とする試み～」実践成年後見58号32頁

32) 厚生労働省は,「人生の最終段階における医療・ケアの決定プロセスに関するガイドライン」(平成30年3月改訂),「身寄りがない人の入院及び医療に係る意思決定が困難な人への支援に関するガイドライン」(令和元年5月) を公表して, 医療は患者本人の意思にしたがって決定されるべきこと, 意思が表明されないときは推定的意思によるべきこととしている。

33) 箕岡真子『医療のための事前指示書"私の四つのお願い"』(ワールドプランニング, 2011年)。なお, アドバンス・ケア・プランニング (A.C.P) があれば本人の意思はより一層明確になるが, そのためには医療関係者を中心とした複数の支援者の協力が必要となる。

34) 日本公証人連合会・前掲注29) 190頁。

35) 延命医療と患者の苦痛をや尊厳を維持するための治療の問題については, 大内尉義「末期医療の事前指示と延命医療」樋口範雄編著『ケース・スタディ生命倫理と法 (ジュリスト増刊)』(有斐閣, 2004年) 62頁。

36) 最判平成4年9月22日金法1358号55頁, 東高判平成21年12月21日判時2073号32頁。なお, 同東京高裁判決は,「委任者の死亡後における事務処理を依頼する旨の委任契約においては, 委任者は, 自己の死亡後に契約に従って事務が履行されることを想定して契約を締結しているのであるから, その契約内容が不明確又は実現困難であったり, 委任者の地位を承継した者にとって履行負担が加重であるなど契約を履行させることが不合理であると認められる特段の事情がない限り, 委任者の地位の承継者が委任契約を解除して終了させることを許さない合意をも包含する趣旨と解することが相当である。」とし, 一定の場合においては解除できることも示している。

37) 消費者委員会「身元保証等高齢者サポート事業における消費者問題についての建議」(平成29年1月)。同建議では, 高齢者等に対し, 少なくとも身元保証サービス又は死後事務サービスとして掲げたものを提供する事業に「身元保証等高齢者サポート事業」との用語をあてている。

38) 2016 (平成28) 年には公益財団法人日本ライフ協会事件発生。入院時や老人ホーム入居時の身元保証をはじめ, 安否確認や緊急時対応, 身の回りの世話, 死亡後の葬儀・納骨などを業務としていた。一括で約165万円を払うプランが基本で利用者から集めた預託金8億8376万円のうち2億7412万円を他に流用していた。
　　身元保証等のサービス業者が死因贈与による寄付を求めたが公序良俗に反するとして無効となった例として, 名古屋地岡崎支判令和3年1月28日, その控訴審名古屋高判令和4年3月22日がある (岡崎支部判決評釈根岸謙・実践成年後見94号89頁, 高裁判決解説山本亮・実践成年後見101号78頁)。この事例では, 養護老人ホームに入居し

　　ていた高齢者の身元保証人が死亡したことから，施設長より，代わりに身元保証を行
　　う者としてNPO法人を紹介され，家族代行サービス（家事支援，病院等の身元保証，
　　死亡時の遺族への連絡や葬儀支援等）を受けられるという契約を締結し，併せて死亡
　　したときは不動産を除く全財産を同NPO法人に贈与するとの死因贈与契約を締結し
　　たものであった。
39）内閣府令和3年版高齢社会白書

（AKANUMA, Yasuhiro／弁護士）

第2節
高齢社会における信託

新井　誠

I　信託とは何か

　信託制度は，明治の後半にアメリカから社債発行の制度として導入された
ものであるが，1922年に信託法が制定され，法的な制度としての基礎を与え
られた。

　民法の起草者，『法律進化論』の筆者として夙(つと)に知られる穂積陳重は「信
託法は文明法中の文明法とも称すべきものであります。何となれば，此法律
は人類の最高程度の徳義を其基礎とするもの[1]」であると喝破している。信
託法は大陸法系に属する日本の法体系において画期的であったといっても決
して過言ではないであろう。

　信託は，財産の所有者である委託者が設定した一定の目的（信託目的）に
従って，その財産（信託財産）を他人である受託者に引き渡し，受託者が委
託者によって指定された受益者のために信託財産を管理・処分するものであ
る。したがって，信託は財産管理制度である。民法にも代理，委任，寄託，
請負などの財産管理制度が規定されているが，信託には民法の財産管理制度
とは決定的に異なる特質がある。例えば，代理・委任においては，代理人・
受任者に財産の管理権が移転されるのみであるが，信託においては，財産の
管理権のみならず，さらに財産の名義も受託者に移転されることになる。す
なわち，信託財産の完全権が受託者に帰属するのである。

　その結果，信託は民法上の財産管理制度を超える機能を果たすことが可能
となる。本稿の趣旨に沿う具体例を挙げてみたい。意思能力喪失者の財産管

23

理は，法定後見制度によって規律されるのが最も一般的である。法定後見に
おいては，成年後見人等が後見事務を担い，裁判所の監督に服する。した
がって，法定後見においては成年被後見人等が意思能力喪失前に有していた
意思が考慮される余地は極めて少ない。任意後見はこの点を改善して本人の
意思能力喪失前の自己決定を尊重する制度である。信託は後見制度ではない
が，委託者の自己決定が意思能力喪失後も尊重される機能を本来的に有する。
したがって，信託には後見制度を補完する機能が認められる。

II　信託と成年後見制度

　障害者権利条約と意思決定支援という考え方[2]においては，意思能力に問
題を抱えた人であっても可能な限りその意思決定を尊重することが出発点で
ある。要保護者の私的自治の重視，自己決定権の遵守が決定的な意義を有す
る。

　私見によれば，成年後見制度としての活用を想定した場合，信託は適格性
の高い制度である。その理由は，信託の特性である「財産管理の独立性」と
いう，その独特のメカニズムにある。民法上の代理・委任とは異なり，信託
では，対象となる財産の名義自体が受託者に移転されることになり，財産の
支配権は委託者から受託者へと完全に移転することになる。こうした信託の
特性を活かして，民法上では不可能な目的達成を可能とする機能，すなわち
「転換機能」が信託には認められるのである。

　この転換機能には，①長期的財産管理機能，②集団的管理機能，③私益財
産から公益財産への転換機能，④倒産隔離機能という大きく分けて４つのカ
テゴリーが存在する[3]。成年後見制度を信託という視点から見た場合，この
うち特に①の長期的財産管理機能が重要なポイントである。この機能は，さ
らに３つの機能に細分化することができる。

　第１は，意思凍結機能である。信託は，委託者の死亡や意思能力喪失に
よって終了せず，信託開始当初に委託者によって設定された信託目的に基づ
く持続的な財産管理が可能である。信託法には受託者規制法としての性格が
あり，委託者や受益者自身にはコントロール能力がなくとも不利益が生じな

いような種々の明文上のセーフガードの存在が，この機能の源泉である。また意思凍結といっても，設定当初の信託条項にいたずらに固執するわけではなく，事情変更による管理方法の変更権を裁判所に付与する（信託法150条1項）ことによって，社会状況の変化への対応も制度的に保障されている。事情変更の原則を明文で承認しているのは信託法以外には存在しない。

　第2は，受益者連続機能である。これは，委託者によって設定された信託目的を長期間固定しつつ，その信託目的に則って信託受益権を複数の受益者に連続して帰属させるものである。信託法の想定する受益権の質的分割と先の意思凍結機能とが連携することにより，この受益者連続機能が帰結するのであり，これにより，世代間にわたる受益権の継承を行う，いわゆる後継ぎ遺贈型の財産承継も可能になると考えられる。

　第3は，受託者裁量機能である。これは，文字どおり，受託者が幅広い裁量権を行使して，信託事務処理を行うという機能である。例えば，受託者はその裁量権を行使して，委託者が指示した受益者候補の中から現実に受益する受益者を特定するということが考えられる。信託は受託者が唯一の名義人兼処分権者として排他的管理権を有する制度であり，受託者が幅広い裁量権を持つのがむしろ常態であるというべきであろう。特に，信託を一種の成年後見制度の代替として活用しようとする場合，指図権の行使主体である委託者ないし受益者が判断能力を喪失している状況も予定する必要があるので，信託の持つこの受託者裁量機能を今一度きちんと再評価しておく必要があるのではなかろうか。

　以上を要するに，信託制度はここに述べた3つの機能のゆえに，成年後見制度の代替手段となり得るのである。

Ⅲ　具体的活用法[4]

　このような信託の特性から，成年後見の制度としての転用を含めて，信託は高齢者のための財産管理に有効な法的基盤を提供することができよう。以下では，信託の具体的な活用法について，簡単に紹介する。なお，以下に挙げたほかにも，特別障害者扶養信託，遺言信託等の活用が考えられる。

(1)　不動産管理信託

　不動産の管理には，預貯金や有価証券などの資産と比較して，相当の労力と能力が要求される。したがって，精神的・身体的能力の衰えた高齢者等の場合，資産価値のある不動産を所有していても，有効利用はおろか，保全すらできない可能性も小さくない。このような場合，名義の移転を伴う信託の特性を活かすことで，判断能力の衰えた高齢者等による軽率な処分や悪意ある第三者からの干渉を防ぐことができる。

(2)　信託利用不動産担保年金式融資

　形式上は不動産管理信託であるが，実質的には高齢者の生活資金に関する融資について信託を担保の手段として活用するものである。具体的には，高齢者等が不動産管理及び処分代金による債務の弁済を目的とした不動産信託契約を締結して受益権を取得したうえで，この受益権を譲渡若しくは質入れの方法を用いて資金化し，これにより生活費を賄うことになる。

(3)　老人ホームの信託

　老人ホーム建設者が，ホーム建設に際し，土地信託や建物信託を利用したり，医療器具や介護器具等の備品類購入のために設備信託を利用するケースが想定できる。ホームの経営安定はそのまま入居高齢者の保護に直結するものであるから，資金調達の方式の一つとして，信託は大きな意味を持ち得るだろう。逆に，入居者側の各種の支払いについて，信託を利用することも可能である。

(4)　ニーズ別活用法

　以上のように，信託には，民法では適切に規律できないような状況への対処まで含めて，様々な利用可能性が潜在している。各自の具体的なニーズに合わせながら，信託の可能性を最大限に活用していくべきであろう。

　人が自己の財産に対して持つニーズを抽象的かつ法的に表現すると，①保全，②管理，③有効利用，④承継，となるだろう。つまり，自己の財産を守り，使用し，資産として運用し，最終的に他者にその権利を移転することである。信託は，特に不動産については究極の保全手段であるし，能力喪失時においても受託者を通じて信託目的に即した財産の安定維持ができることを

考えれば，管理手段としても特別の意義があるといえよう。また有効活用の面でも，土地信託や投資信託等の利用によって，受託者の専門知識を踏まえた有利な運用を期待できる。承継についても，民法上の相続規定では実現に問題の残る後継ぎ遺贈型の財産承継を実行することも可能である。さらには，知的障害者・精神障害者の「親亡き後」の対策としても有益である[5]。

　さらに具体的なニーズの内容は，個人のライフステージとの関係でも，順次変動していく性質を持つ。例えば，乳幼児期から少年期であれば，ニーズの中心はもっぱら保全にあることが一般的であろうし，壮年期に至れば資産の管理や有効活用へと重心が動き，判断能力の衰えが生じる老年期には再び保全の問題が浮上するとともに承継が最大の問題となっていくのではないか。

　既に，アメリカでは，個人のエステイト・プランニングに際して，ライフステージに応じた信託の利用が一般的となっているが，超高齢社会を迎えて，わが国でもこうした意識が求められる時代が到来しているというべきであろう。

IV　任意後見と信託の組合せによるライフ・プランニングの構築

　ここまでに述べたように，信託は高齢社会における財産管理手段として非常に有効である。他方，任意後見制度もこれと同一の目的に資する側面を有する。こうして私たちは，法定後見制度も含め，高齢期における財産管理手段として，個々の生活状況や能力，あるいはその折々の具体的なニーズに応じて，これらの複数の法的手段を使い分けながら，最適な財産管理計画を模索していくことが可能になった。

　しかし，こうした複数の手段を単純に使い分けるだけでなく，これらを組み合わせて活用する工夫を提言したい。各制度には，それぞれの特質に基づくメリット・デメリットがあり，複数の制度を複合させて新たなスキームを創出することにより，利用者がより多くのメリットを享受する（あるいは，デメリットを相殺し得る）という相乗効果を期待することができよう。

　ここでは，その一つの実践として，金銭信託と任意後見を複合させたスキームを提言する（〈図〉参照）。

〈図〉金銭信託＋任意後見契約のスキーム図

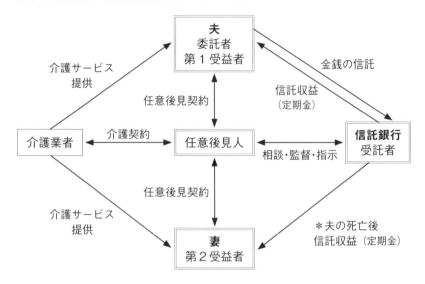

　このスキームが想定する典型的な利用対象者は，障害のある在宅高齢者夫婦である。こうした世帯にあって一般的に予想される具体的なニーズとしては，以下のようなものがあろう。

① 　施設に入所せず，夫婦で在宅のまま現在の生活を継続したい。

② 　有効な資産運用の方法について，専門家からのアドバイスを受けたい。

③ 　障害の症状が悪化した場合に，年金の受給や預貯金等の出納に関して第三者に代行してもらいたい。

④ 　介護や医療・福祉制度に関する適切なアドバイスを受けて，望ましい生活の質を確保したい。

　これに対し，特に財産管理の側面に関しては，信託が非常に有効な役割を果たし得ることは間違いない。その理由としては，ⓐ財産権の名義自体を受託者に移転するという信託の特性が能力の衰えた委託者の財産保全に関して強力なセーフガードとして機能すること，ⓑ受益者連続機能を利用することで，委託者個人だけでなく夫婦を一つの単位として長期的な生活保障のス

キームを構築することが可能になること、などが挙げられる。さらに私見によれば、信託利用により後継ぎ遺贈型の財産承継も可能であるから、次世代への財産帰属までも視野に収めた、より長期的なエステイト・プランニングの可能性も開かれよう。

　他方、身上保護に対するニーズを考慮した場合、現在のわが国の実情からは、信託のみを利用したスキームでは、万全の対応ができるとは言いがたい。この原因として挙げられることは、第1に信託実務の重心が財産管理に偏重していること、第2にわが国の信託実務の現状として受託者裁量機能が本来の機能を果たしていない以上、信託銀行があえて不慣れな身上ケア・福祉の分野でリスクを冒すことは忌避すると考えられるためである。

　筆者は、こうした信託実務の現実的な弱点を、任意後見契約との組合せによってクリアできるのではないかと考えている。具体的には、受託者裁量機能を修正して、判断能力を喪失した委託者若しくは死亡した委託者に代わって、任意後見人に指図権を行使させるスキームの創出を提言したいのである。特に、任意後見人として、身上保護及び福祉の専門家を選任して、主として身上保護事項に関する指図権の行使を行わせれば、先に挙げた信託の二つの弱点を補強することができるのではないだろうか。つまり、専門家同士の連携による分業・協働態勢を確立するわけである。

V　アメリカにおける信託の成年後見制度としての活用例

　信託先進国のアメリカでは、信託制度は、通常の財産の管理・運用のほか、節税、遺言検認手続の回避、財産権に一定の制約をしたうえでの世代間にわたる当該財産の継承などの目的からも利用されている[6]。この信託の持つ弾力性は、信託設定者が自らのライフステージを顧慮して選択する高齢社会における財産管理制度として信託を利用することをも可能とするものである。

　アメリカにおける信託の成年後見制度としての利用例としては、①撤回可能な生前信託の利用、②統一財産管理信託法（以下、「統一法」という）の利用を挙げることができる。ここでは、②について簡単に説明する[7]。

　一般的に、委託者の自己決定に基盤を置く信託を利用すれば、法定後見

（後見人〔guardian〕ないし後見的財産管理人〔conservator〕）を利用する場合に比べて，弾力的で当事者の意思に即した内容を設定することが可能であり，また手続も比較的簡便となる。しかし，それでも正式な信託を利用することとなると，手間や費用がかかるために，非公式な口頭の約束だけによる信託が利用されることが多かった。そこで，簡便な手続のみによって，いわば出来合いの信託を利用できるようにするシステムが創設されたのである。

この統一法を利用すれば，ある者が他の者を「○○州の統一法の規定に基づく財産管理信託の受託者に指名する」と記載して，その者に財産を譲渡しさえすれば，同法の規定に服する成年者を受益者とする制定法上の財産管理信託が自動的に設定されることになる。また，手続上必要な譲渡証書等の書式についても数種類のサンプルが定められており，設定・利用を簡便化している。これがコストの低減にもつながり，誰もが手軽に利用できるシステムが作出されたことになる。

この制度の最大の特徴として，成年後見制度との親和性が挙げられる。元来，この仕組みは，委託者又は受益者の能力喪失後や不在中の財産管理能力の補充を主目的としている。そのため，受益者の能力喪失時にも信託が存続することが明文上規定されているほか，受託者の信託事務処理を監視するための規定が設置されており，受益者自身が指図権・管理権を行使するのが難しい状況においても受益者の利益が確保できる工夫が凝らされているのである。さらにこの制度を活用すれば，信託の特性の一つである受益者連続機能を利用して，自己の能力喪失後はもとより，死後の遺産処分までも視野に収めたトータルなライフ・プランニングを実現することができる。

信託をベースとして，人のライフステージ全体を貫く財産管理制度を構築するという統一法の視点は，わが国の成年後見制度運用に対しても大きな示唆を与えるものといえる。

Ⅵ　問題点への対応

本稿の最後に，先に提言したスキームなども含め，信託制度を高齢社会の対応策として有効に機能させるために必要な問題点をいくつか指摘しておき

たい。

　第1は，信託税制の問題である。筆者のみるところ，わが国では受益者課税の原則が強調されすぎているように思われる。自益・他益の区別をはじめとして，信託には様々なタイプが存在しており，課税面でも，信託の実情を踏まえたフレキシブルな対応が必要なのではないか。

　第2に，実践的な官民システムの構築の必要性がある。成年後見制度の一環として信託を利用する場合には，当然ながら，信託事務の中に福祉的要素が要求される。

　本来的には，福祉は行政の役割であり，高齢者の財産管理には福祉的側面が伴うとしても，福祉に関するリスクをすべて民間企業である信託銀行の責任とすることは妥当でない。民間と行政の密接な連携の下に，それぞれの専門性を活かした責任とリスクの分配を実現するスキームを構築することが重要ではないか[8]。

　第3に，信託業務規制の問題点である。金融庁主導によるバンキング偏重の従来の規制を見直し，信託の原点に戻った規制方法を考える時機が到来しているのではないか。

　第4に，既に提言したような，信託と任意後見制度とを結合させる可能性を追求していくことの必要性がある。各制度にはそれぞれ一長一短があり，単独では実現できない課題も，制度を重層的に利用する工夫を凝らすことによって，達成できる可能性があるはずである。両制度の理論的考察を深化させるとともに，実現可能な実効性のあるスキーム構築へ向けた試みが，今後とも続けられていくべきであろう。

Ⅶ　裁判所の活用例

　これまでに述べてきた信託の機能にいち早く着目したのが裁判所であり，2012年2月1日に後見制度支援信託が導入された[9]。後見制度支援信託は，成年被後見人または未成年者の財産のうち，日常的な支払をするのに必要十分な金銭を預貯金として後見人が管理して，通常使用しない金銭を信託銀行などに信託する仕組みである。

　後見制度支援信託を利用すると，信託財産を払い戻したり，信託契約を解約するにはあらかじめ家庭裁判所が発行する指示書が必要となる。後見制度支援信託の対象は，成年後見及び未成年後見のみであり，保佐，補助及び任意後見は対象とはされていない。

　なお，2018年6月に後見制度支援預貯金が導入された。後見制度支援預貯金は，預貯金の払戻しなどに家庭裁判所が発行する指示書を必要とする金融商品であり（信託ではない），信託商品を提供できない金融機関のために後見制度支援信託に並立・代替する仕組みとして導入された。2012年2月から2019年12月までの後見制度支援信託の累計利用者数は26,191人，後見制度支援預貯金の累計利用者数（ただし，2018年1月以降）は1,867人であり，信託及び預入れ財産額の累計は9231億7400万円となっている[10]。

　実績からみれば，成年後見制度支援は一定の成果を上げたものと評価し得るのではなかろうか。もっとも，後見制度支援信託の導入時には特に弁護士会から強い批判を浴びた[11]。弁護士会の批判は，第1に，本人の身上の変化や親族間紛争発生の可能性の予想が困難で，制度趣旨に適する事案の選定は困難であること，第2に，本人が特別の意思をもってある金融機関に預金したという事情がある場合に，これを解約して後見制度支援信託へ移行することは本人の意思に反し，身上配慮義務（民法858条）に反すること，第3に，状況の悪化に伴い臨時に資金が必要とされる事態も予想されるが，指示書発行の負担を嫌って適切に対応しないことも起こり得ることを根拠としている。これらの批判には首肯し得る点もあるが，筆者は基本的には後見制度支援信託の導入を評価するものである。成年後見人等の不正防止機能を信託に担わせるという発想は，信託の新しい発展の可能性を提示したように思われるからである。そのうえで，後見制度支援信託の内実を改良していく努力を積み重ねる必要があろう。

Ⅷ　成年後見分野における信託の活用可能性

　信託は高齢社会における財産管理制度として有用である。第1に，信託には既述のとおり，「意思凍結機能」があって，委託者の意思能力喪失又は死

亡によっても終了しないことは法理上明確である。第2に，受託者には信託法上厳しい義務が課されており，民法上の代理人に生ずることが危惧される自己契約，双方代理については，広く信認関係に基礎を置く信託法理は一般にこれらを禁止している。第3に，信託には受益者連続機能があって，委託者の死亡後も信託が持続するときでも相続法との関係が明確である。第4に，信託においては信託目的を遵守しながら信託条項を変更する機能もあり，受託者の判断に基づき社会情勢に対応しながら，また非常時には裁判所の助力を得て，長期間にわたる財産管理制度としての機能を果たすことができる。

　信託のこのような特質を活かし得る可能性は枚挙に遑^{いとま}がないが，ある具体例を紹介してみたい[12]。

　都内在住の資産家である高齢女性は価値ある不動産と多額の預貯金を保有していた。家族構成は，この女性と重度の知的障害のある40代の娘1人であった。この高齢女性は3つの希望を有していた。第1は，不動産を死ぬまで売却したくないとの希望である。悪徳業者等による処分の強制から免れ，死ぬまできちんと保持したいと考えていた。第2は，この女性の死亡後，当該不動産を娘に承継させたいとの希望である。第3は，娘の死亡後はお世話になった区の福祉施設に当該不動産を承継させたいとの希望である。

　結局この女性の希望は叶わず，悪徳業者に当該不動産を騙し取られ殺害されてしまったのである。本事例における3つの希望は信託を用いれば実現可能であった。第1の希望は，信託を用い不動産の名義変更をし，信託目的として高齢女性が死亡するまで当該不動産を売却しないと定めることで実現可能であった。第2の希望は，信託を用いて第三者（受託者）に不動産を管理させたうえで，利益を娘に享受させることで実現可能であった。娘への財産承継は民法上は簡単であるが，娘が財産管理能力を有しないため，たとえ不動産を承継させても，娘の所有する当該不動産が悪徳業者により収奪される危険性は残る。そこで信託を用いる必要があるのである。第3の希望は，いわゆる後継ぎ遺贈であるが，信託を用いれば実現可能である。

　ここでは成年後見分野における信託の活用可能性について1つの具体例を紹介したが，実際の活用例は極めて多様である。これらの活用例を「福祉型

信託」と呼称することとしたい。筆者としてはこのようなタイプの信託が日本の社会に定着することを期待したい。

アメリカ法学界の泰斗フリードマン教授は、「信託はきわめて多種多様な姿をしているが、大きく２種のタイプに分けられる。これを世話型信託と王朝型信託タイプと名づけたい。」「世話型信託とはその名の意味する通りの信託で」「障害者、無能力者または浪費家のためにも設定できる。」「王朝型信託とは、遺産をできる限り永遠に支配したいという設定者の動機からきた信託である」[13]と述べているが、「福祉型信託」はこの「世話型信託」の顰みにならったものである。

最後に、信託は極めて有用な制度ではあるが、濫用には弱い。信託の機能をうまく活用しつつ、絶対に濫用させない。それが本稿の出発点である。

【注】

1) 穂積陳重「信託法及び陪審法の制定に就て」『同・遺文集(4)』（岩波書店、1934年）383頁。

2) 障害者権利条約については時の法令（2021年）2112号53-57頁、意思決定支援については時の法令（2021年）2114号58-62頁参照。

3) 転換機能に関する私見については、新井誠『信託法〔第4版〕』（有斐閣、2014年）85-103頁。

4) 詳細については、新井誠『財産管理制度と民法・信託法』（有斐閣、1990年）188-209頁。

5) 法務省民事局参事官室「成年後見制度の改正に関する要綱試案・補足説明」（1998年）55頁も、任意後見契約と信託の組合せを、親亡き後対策の有力な手段として挙げている。

6) アメリカにおける活用例の詳細については、ジェームズ・R・ウェイド（新井誠訳）「米国における信託の日常的利用状況」信託197号（1999年）74頁。

7) 本法の詳細については、拙稿「アメリカにおける高齢者財産管理信託法制の新しい動向(1)(2)(3)」ジュリスト1105号（1997年）94-98頁・1106号（同）102-112頁・1107号（同）86-90頁。

8) 具体案としては、新井誠編著『高齢社会と信託』（有斐閣、1995年）「高齢社会における信託活用の意義」293-299頁。

9) 後見制度支援信託については、新井・前掲注3）529-531頁参照。

10) 最高裁判所事務総局家庭局『後見制度支援信託等の利用状況等について－平成31年～令和元年2月－』。

11) 新井・前掲注3）531頁。

12）新井・前掲注3）489頁。
13）ローレンス・M・フリードマン（新井誠監訳/紺野包子訳）『信託と相続の社会史—米国死手法の展開』（日本評論社，2016年）125－126頁。

（ARAI, Makoto／中央大学研究開発機構教授）

第 2 章

韓国における遺言及び信託の活用

韓国法における財産承継のための遺言とその代案としての信託

崔　秀　貞

訳：金　亮　完

＊訳者注：訳出に際しては可能な限り原文どおりの訳出に努めたが，原文の意味を損なわない必要最小限の範囲で，和文の用語に変更したほか，表現を改めた箇所があることをお断りしておく。

I　民法上の財産承継のための制度

1　遺贈

　何人も，その生存中は自己の財産を使用・収益・処分をすることができ（民法211条），その延長線上で死後における財産の帰属を定めることもできる。韓国民法では，民法典第5編相続が死亡した者の財産権ないし財産法上の地位の承継を規律しているが，相続制度は私的な所有関係の承継を可能にするものである。相続法は，私的自治に基づき遺言による財産の自由な処分を認めているが，遺言が存在しない場合やその効力を生じない場合には法定相続が開始する。遺贈に対する制約となるのは，遺留分制度だけである。遺留分制度により法定相続人たる血族相続人と配偶者に相続財産中の一定割合が確保されているが，これには個人の自由と家族の維持という相対立する価値が同時に反映されている。

　ところで，遺言により特定の者に相続財産の全部又は一部を帰属させるためには，受遺者に一定の資格が要求される。つまり，相続人と同様に受遺者は遺言者の死亡時に胎児であるか（民法1064条，1000条3項），生存していなければならず[1]，相続欠格者であってはならない（民法1064条，1004条）。そして，

遺言の効力が発生すると同時に物権又は債権等の形態で受遺者に直接帰属する効果が生じ，受遺者の事情に応じた多様な形での財産的利益の帰属を設計する余地はない。もちろん，負担付遺贈によれば受遺者に一定の負担を負わせることは可能であるが，遺言者の意思や受遺者の状況といった諸般の事情を反映させるには限界がある。

2　死因贈与

死因贈与は贈与者の死亡によりその効力が生ずるという点で遺贈に類似し，遺贈に関する規定が準用されている（民法562条）。しかし，一方的な意思表示によって成立する遺言と異なり，死因贈与は贈与者と受贈者と間の合意によって成立する契約である。したがって，遺贈に関する規定のうち単独行為を前提とする規定は準用されず，遺言の方式に関する民法1065条から1072条までの規定も準用されない[2]。

ところで，遺言が方式に違背するために無効とされたときに，当事者が死因贈与を主張し，法院もこれを認める場合がある。このような事態は遺言に対して厳格な方式を要求する趣旨を骨抜きにするものである。そこで，民法が贈与契約を諾成契約として規定しているにもかかわらず，死因贈与が遺贈と機能的に同一であることに注目し，死因贈与の法的性質を要式契約と解すべきであるとか，あるいは，それを立法に反映する必要があるという主張が有力になされている。

死因贈与の場合，受贈者は契約の当事者として有効に契約を締結できる資格ないし要件を具備しなければならない。そして，契約において当事者の需要に応じた様々な特約を定めることはできるが，契約締結後とりわけ贈与者の死亡後の事情まですべて考慮に入れることは困難である。

3　法定相続

遺言が存在しない場合やその効力を生じない場合には法定相続が開始する。民法は，被相続人の死亡を原因とする当然包括承継の原則に従って法定相続人に被相続人の財産を承継させる。法定相続制度は，遺言がさほど作成され

なかったときに重要な意味を有していただけでなく，遺言が増加した今日において遺言による財産処分の重要な基準となる。法定相続においては，民法の定める相続順位（民法1000条）に従って法定相続分（民法1009条）が帰属する。法定相続人は，法律上の地位に基づいて相続し，相続欠格事由がない限り，被相続人の意思や相続人と被相続人との対立関係，相続人保護の必要性やその程度などは考慮されない。

　ところで，近時の韓国においては，相続人となるべき者が被相続人に対する扶養義務を果たさないなど，被相続人との間の倫理的・経済的な協働関係を損ね，あるいは家族共同体を危機にさらすような場合にまで，法定相続人という理由だけで被相続人の財産を承継することの当否が社会問題となった。そこで，相続人となるべき者が被相続人に対する扶養義務を果たさなかったとき，被相続人，その配偶者若しくはその直系血族に対して重大な犯罪行為，虐待又は著しく不当な扱いをしたときは，被相続人の請求又は遺言等により家庭法院が相続権の喪失を宣告できるという相続権喪失制度を新設する内容の民法改正案が2021年6月に国会に提出された。とはいえ，法定相続は画一的な基準を提示する機能しか果たしておらず，被相続人の意思や相続人保護の必要性というような個別具体的な事情に対応するためには，別の法制度に頼るしかないのが現状である。

Ⅱ　遺言の利用の現状と課題

1　遺言の自由

　相続法制を構成する最も強力な要素は血縁と愛情である。両者は相互補完の関係にあるのと同時に緊張の関係にあり，その力学は社会構造の変化の度合いによって異なる。現代の韓国社会においては種々の要素が混在しているため（例えば，極端な個人主義対親族の結束），法的に満足のいく相続秩序を用意することは決して容易ではない。ここで，遺言とりわけ遺贈が重要な役割を果たすことになる。遺言適齢に達した者は，意思能力がある限り，いつでも自己の意思に従って遺言をする自由を有する。これは，遺言者が生前に自己の財産権に対する最終的な処分をする法的可能性を意味し，生前贈与による

処分と同様に，憲法上の財産権の保障による保護を受ける[3]。

　かつてと比べると遺言者の意思による財産承継が注目されているが，遺言の正確な数を把握することは困難である。というのも，自筆証書遺言のように遺言の方式によっては存否そのものを把握することが困難な場合があるし，公的に遺言を登録する制度も存在しないためである。しかし，遺言者の意思による財産承継及び遺言者の死後における遺産をめぐる紛争の防止という観点から，遺言に対する関心がどの時代よりも高まっているのは事実である。

2　遺言の利用とその限界
(1)　遺言の方式

　遺言は，遺言者の最終的な意思であり，遺言者の死亡時にその効力を生じる。そこで，遺言の偽造・変造を防止して遺言者の真意を確保するために，ほとんどの立法例はその方式を厳格に定めており，韓国民法も例外ではない（遺言の要式性）。民法は，5種類の遺言方式——自筆証書による遺言，録音による遺言，公正証書による遺言，秘密証書による遺言及び特別方式の遺言として口授証書による遺言——を定めている（民法1065条）。遺言者の真意を確保すべく厳格な方式を要求する趣旨と，可能な限り遺言を有効に解釈することにより遺言者の意思を実現しようとする要請とは，互いに緊張関係にある。両者をいかに調律して均衡をとるかをめぐって韓国では論議が続いている。

　自筆証書遺言は，他人の関与なしに容易に作成することができ，内容の秘密を維持できる反面，遺言証書の紛失や亡失，偽造・変造のおそれといった問題がある。また，法律専門家の関与なしに作成されることがほとんどであるから，その内容が不明確であったり，あるいは遺言それ自体が無効とされる可能性も高い。とりわけ日時，住所，押印の要件を満たさないために遺言が無効とされる場合が往々にしてある。他方，デジタルの時代にあって各種の電子機器の利用が普及したことに伴い，書面，自筆，押印の要件に対しては立法政策的な観点から議論が対立している。例えば，オーストリア民法やドイツ民法のように，年月日又は住所が記載されていないとしても，遺言の真正な成立又は遺言者の意思の確認ができる限り，その遺言の効力を認める

べきであるという主張がなされている[4]。押印の要件に関して憲法裁判所は，遺言者の死後にその真意を確保するとともに相続財産をめぐる利害当事者間の法的紛争と混乱を防止することにより法的安定性を確保し，もって相続制度を健全なものにするためのものとして，押印の要件の立法目的は正当であるというべきであり，また，自筆証書による遺言は最も簡易な方式の遺言ではあるが，偽造・変造のおそれが相対的に大きく，遺言者の死後に本人の真意を客観的に確認することが困難であるから，方式の具備を要求すること自体は上記の立法目的を達成するための適切な手段であるとしている[5]。しかし，印章の使用が減少して署名の利用が多くなっており，「本人署名事実確認等に関する法律」により本人署名事実確認書が印鑑証明書に取って代わりつつある状況において，押印の要件が遺言の完結性と終局性の確認という立法目的に符合するものなのかについては疑問が呈されており，過度な制限として削除しなければならないという主張もなされている[6]。

　公正証書遺言は，遺言の存在と内容が明確であり，偽造・変造のおそれがないという点で自筆証書遺言と対比される長所があるが，内容の秘密の維持が困難であり，その作成と変更に費用を要する。他方，「遺言趣旨の口授」の要件により，言語上の障がいを有する者は公正証書遺言をすることができないという問題もある。韓国においては，公正証書遺言を作成する場合，遺言者が遺言の趣旨を直接口授するのではなく，公証人が遺言者から伝えられた意思をもとにあらかじめ草案を作成し，後にその内容を確認する方法により作成する場合が少なくないが，判例は公正証書遺言の要件を緩やかに解釈し，そのような形で作成された公正証書遺言も有効なものと解している[7]。しかし，それが民法の文言と異なることは否定できない。

(2)　遺言の解釈

　遺言の解釈は遺言者の真意を探求することを目的とする。他方，遺言の方式を厳格に定めているのは，遺言者の真意を明確にするとともに法的紛争と混乱を予防するためであるから，法の定める要件と方式に違背する遺言は，たとえそれが遺言者の真意に合致するものであるとしても無効である。判例のなかには，住所を封書に記載した場合や，遺言の内容からして誤記の訂正

に該当することが明らかな場合には法定の方式に違背した押印があってもそれを有効なものとして扱ったものもあるが[8]，判例の基本的な態度は，形式的な厳格性を維持している。その結果，遺言の解釈が目的とする遺言者の真意の尊重は，遺言の方式が備わった場合に限られることになる。

　遺言は，相手方のない単独行為であり，終意処分として遺言の撤回の自由が保障されることから，その他の法律行為の解釈とは異なり遺言の解釈においては遺言者の意思だけが重要な意味を持つ。したがって，文理解釈が第一次的な解釈方法となる。遺言の要式性に照らして補充解釈が許されるかが問題となるが，学説では，これを許さないとむしろ遺言者の真意を歪曲するおそれがあることを理由に一定の場合にはそれが可能であるとしている[9]。判例も遺言に関する補充解釈を認めており[10]，さらには好意的解釈（favor testamenti）の原則により可能な限り遺言の効力を認め，遺言者の意思を実現しようとする試みもみられる[11]。

(3)　遺留分制度

　遺言に対する重大な制約となるのは遺留分である。被相続人の財産処分の自由と法定相続人の保護との調整を図るため，1977年の民法改正で遺留分制度が導入された。遺留分制度は被相続人の財産処分の自由と法定相続人ないし近親者の権利義務との調整あるいは妥協の産物であると評価されている[12]。被相続人は，すべての財産を自由に処分できるものの，遺留分権利者は遺留分を侵害する処分行為に対しその侵害された範囲内でその返還を請求できる（民法1115条）。このような遺留分制度は，基本的に相続制度とその根拠を一にするものである。一定範囲の相続人に対する扶養ないしは生活の保障，家族共同体に対する道義的義務，家族共同体の和合と団結，社会保障の補充，遺族の寄与に対する清算が主な根拠として挙げられる[13]。

　とはいえ，遺留分制度は被相続人の遺言の自由を制限するものであるから，合理的な範囲内でのみその正当性が認められる。相続制度の根拠に対する様々な批判は遺留分制度についてもそのまま当てはまる。例えば，相続財産はあくまでも被相続人に属していた権利であるから，相続人の寄与が当然に認められるわけではなく，また，高齢社会における扶養はもはや有力な根拠

たり得ない。現代社会において家族の概念と構造が変化した分，かつてのように家族共同体を前提とする根拠は説得力が弱くなっている。そして，民法は均分相続のもと，生存配偶者が直系卑属又は直系尊属と共同相続する場合，生存配偶者の相続分を彼らの相続分の5割の加算とし（民法第1009条），夫婦財産法による清算手続を経ないこととしている。その結果，離婚時における財産分与と配偶者の遺留分との間には大きな差が生じざるを得ない。家族に未成年者や障がい者などの要保護者がいる場合又は家業を承継しようとする場合，遺留分はむしろ重大な障害となる。そこで，私的自治の延長線上にある議論として，遺言の自由を制限する遺留分制度の正当性に対する疑問から，遺留分制度の存置の当否，遺留分の事前放棄制度の導入の当否，遺留分権利者の範囲の縮小，遺留分率の調整，遺留分算定のための基礎財産，遺留分返還請求権の法的性質及び返還方法に関する論争が続いている[14]。

3　遺言に関する立法論

(1)　遺言の方式

電子文書による自筆証書遺言を認めるか否かについては，「電子文書及び電子取引基本法」，「電子署名法」を根拠に，あるいは必要に応じて追加の立法を行うことによりそれを認めようとする見解もあるが，自筆証書遺言における全文の自書という要件の欠如，遺言の真正性と終局性が担保できないことを根拠に否定する見解もある[15]。さらには，遺言書の安全な保管と発見のために，スイス，ドイツ，日本のような遺言書保管制度の導入も提案されている[16]。

録音遺言は，時代の変化に応じてデジタル録音・録画方式が考慮されてはいるが，現時点では複製・操作のおそれが常につきまとうことから，それを普通方式の遺言として認めることに対しては拒否感が根強い。もっとも，民法は特別方式の遺言として口授証書遺言のみを定めているが，それだけでは特別方式の遺言が必要となるような様々な事態に対処することが困難であることを理由に，デジタル録音・録画の方式を特別方式の遺言として，別途の要件を付加する形で導入することが提案されている[17]。

　公正証書遺言について民法は，遺言者が公証人と証人の面前で遺言の趣旨を口授し，公証人がこれを筆記・朗読して遺言者及び証人が確認した後，それに署名又は記名捺印をする方法（いわゆるopen notarial will）だけを定めているが，遺言者が遺言書を証人の立会いの下で公証人に交付し，公証人が一定の事項を記載して関係人が署名等をする方法（いわゆるclosed notarial will）の導入も検討に値する。

　さらに，遺言方式の多様化という観点から，共同遺言制度の導入も主張されている[18]。夫婦財産の共有関係を適切に清算する機会となること，夫婦の一方の遺言による共有財産の恣意的な処分を防止することなどを根拠とする。

　以上のような遺言方式の緩和又は改善はさておき，一部のコモン・ロー国のように，方式を欠いた遺言であっても遺言者の真意が確認できる限り裁判所が裁量でこれを有効なものと宣言できるようにすることについて，学説は否定的である。法院に過度な裁量権を認めることに対する拒否感に加え，相続人間の紛争を惹起し，法律関係を不安定なものとするおそれがあるためである。

(2)　遺言執行制度

　遺言は，効力の発生と同時にその内容が実現される事項を除けば遺言執行者による執行が必要である。民法上の遺言執行制度は，遺言執行の準備として検認と開封に関する部分と，遺言執行者に関する部分とに分けられている。まず，自筆証書遺言，秘密証書遺言，録音遺言については法院による検認手続を履践しなければならない（民法1091条）。ここでいう検認手続とは，遺言証書の形式など遺言の方式に関するすべての事実を調査確認することにより偽造・変造を防止し，保存を確実にするための一種の検証手続ないしは証拠保全手続であって，遺言が遺言者の真意によるものかどうか，あるいは，遺言の適法性又は有効性を判断するものではない。また，民法1092条の定める遺言証書の開封手続は，封がされた遺言証書の検認には開封が必要となることから，それに関する手続を定めたものにすぎない。したがって，適法な遺言は，検認手続や開封手続を経なかったとしても遺言者の死亡により直ちに

その効力を生じ，それらの手続の有無によってその効力に影響を受けるわけではない[19]。この意味で民法上の検認手続は一部のコモン・ロー国における遺言検認手続（probate）とは区別される概念である。

　他方，民法は，遺言執行者を相続人の代理人とみなしているが（民法1103条），これは，死亡した遺言者の代理人があり得ず，また，相続財産には法人格がないからその代表者となることもできないためである。遺言執行者は相続人の利益のためだけに存在するものではなく，相続人の相続財産処分禁止の仮処分を請求したり，執行妨害行為を告訴できる点で，遺言者に代わってその意思を実現する地位にあるといえる。しかし，遺言執行者の法的性質については古くから見解が対立しており，遺言執行それ自体がきちんと行われないなど，その制度的な実効性に疑問が呈されてきた。そこで，立法的には遺言執行制度の全面的な改正を通じて，より明確で実効性のある手続を用意する必要性がある。

(3)　遺留分制度

　遺贈の自由を制限する遺留分制度は，被相続人の意思の推定という相続の根拠に背馳するものであり，家産という概念が存在しない今日においては扶養ないし生活保障という根拠にも符合しないものである。そこで，前述のように遺留分制度の正当性ないし機能に対しては疑問が呈されており，遺留分制度の限界に対応するための様々な立法論が主張されている。例えば，寿命の延長と家族構造の変化に鑑み，遺言により子の遺留分を喪失させ又はそれを制限することのできる遺留分権喪失制度の新設や[20]，遺留分権利者の範囲の縮小と遺留分率の調整が主張されている[21]。しかし，妥協点を見出すことは容易でない状況である。このような状況の中，法務部が2022年4月に兄弟姉妹の遺留分を削除する内容の「民法一部改正法律案」を国会に提出したのは，注目に値する。

Ⅲ　代案としての信託制度の活用

1　信託制度の活用可能性

　前述のように，遺言の存否と解釈をめぐって相続人間に紛争が生じ，遺言

の厳格な要件を具備していない理由で当該遺言が無効となる場合が少なくない。さらに法定相続の場合には，被相続人の意思や相続人の事情，要保護性等が考慮されない。そこで，遺贈又は法定相続による断片的な財産承継と対比される制度として，被相続人の意思に応じた財産承継のために信託制度の利用が代案として提案されている。信託は沿革的に相続と密接な関連を有するものであり，時間的・空間的背景を異にする現代においても信託の機能ないし特質は財産承継のための法制度として依然として意味のある制度である。

　信託を利用することにより，委託者は死後における財産の承継を積極的に設計することができる。信託は遺贈や死因贈与契約ではできない，より多様な財産承継を可能とする点で注目に値する。遺言によっても信託を設定することはできるが（信託法 3 条 1 項 2 号）[22]，遺言に代わる生前信託（inter vivos trust）は，委託者の生前における財産の管理・運用のためにはもちろん，財産承継のためにも有用な手段となる。このような信託は特に高齢社会において高齢者の生存中にその財産を安全に維持・管理・収益をし，死亡後は信託で定められたところに従って財産を承継させることにより，遺産をめぐる紛争を減らすこともできる。相続人が制限行為能力者や障がい者である場合には，財産の遺贈を受け又は財産を相続したとしてもそれを維持することが困難であるが，信託を利用すれば，その財産を保存し，相続人の生活を保障することができる。また，遺贈や相続の開始時を前後して予期しなかった事情が発生したとしても，信託を利用すればそれに柔軟に対応できるという点も，信託の長所であるといえる。

　信託法に細部的な規定がおかれていないとしても，その制度的特質から財産承継のための信託設定はいくらでも可能である。2012 年 7 月から施行されている改正信託法は，財産承継に関連して 2 つの特別規定を置いている。それは，生前信託によって遺贈と同様な効果が得られる遺言代用信託において委託者に受益者変更権を認める規定と（信託法59条），受益者連続信託の効力を明示している規定である（同法60条）。

　これに対し，相続については民法が一般的・包括的に定めており，強行規定も多い。そこで，信託制度を利用して財産承継を設計するに当たっては民

法との関係に注意する必要がある。信託契約上の約定が民法の許さない結果
をもたらすなど相続制度の趣旨を潜脱するものになれば，信託そのものの効
力や当該信託条項の効力が否定され得るためである。このような観点から，
高齢者の財産承継のための手段として信託の活用方法を探ってみたい。

2　遺言代用信託

(1)　意義

　遺言ではない信託契約によっても，受益権の内容と帰属をどのように設計
するかにより遺贈と同様の効果を得ることができる。例えば，生前は委託者
自身が収益受益権（income interest）を有し，死亡後は第三者に元本受益権
（capital interest）を帰属させるという方法である。このように遺贈や死因贈
与に類似した機能を果たす生前信託として，遺言信託とは区別される[23]遺
言代用信託をするためには，信託財産から生じる利益が委託者の死亡により
第三者に帰属することが求められる。すなわち，第三者が委託者の死亡によ
り受益者となり，又は委託者の生存中に受益者と指定されたとしても収益の
給付は委託者の死後にはじめて行われる仕組みでなければならない。

(2)　委託者の受益者変更権

　遺言代用信託と遺贈とは法形式の面で差異が存在するが，その実質的な機
能に異なる点はない。そして，遺言者がいつでも遺言の全部又は一部を撤回
することができることと同様に（民法1108条），委託者は信託を通じて死後の
財産関係を設計する際に受益者を変更することができると解されている。遺
贈に代わる信託を設定した場合にも，誰に信託財産から生じる利益を終局的
に帰属させるかに関する委託者の決定は尊重されなければならない。そこで，
信託法は，信託契約上委託者が受益者変更権を留保しなかった場合であって
も，遺言代用信託においては原則として委託者に受益者変更権を認めている
（信託法59条）。信託業者は信託契約時に委託者に交付する契約書に受益者の
指定及び変更に関する事項を記載しなければならない（資本市場法109条）。

(3)　受益者の受益権行使

　遺言代用信託は委託者の生存中にその効力を生じる。受益者となるべき者

として指定された者が委託者の死亡時に受益権を取得する場合には（信託法59条1項1号），委託者の生前に受益者が受益権を行使する余地はない。しかし，受益者が委託者の死後に信託財産から給付を受ける場合には（信託法59条1項2号），委託者の生存中には収益給付を受けることができないとしても，信託契約上受益者たる地位を有することから，受益者のその他の権限を行使することができる。この場合，委託者の生存中に受益者が受託者に対する監督機能等の権限を行使することができるとすれば，それは委託者の意思に反するのが通常であろうし，また委託者と受益者との間の利害調整という難しい問題を引き起こしかねない。例えば，委託者が信託契約を変更し又はそれを終了しようとする場合には受益者の同意を要するが（信託法88条，99条），遺言代用信託においてそれを要するとするのは，委託者の意思に合致しないはずである。そこで，信託法59条2項本文は，上記のような類型の遺言代用信託においては，委託者が死亡するまで受益者はその権利を行使することができないものとしている。

　ただし，信託契約上委託者が受益者の監督等のために受益者に一定の権限の行使を認めたときは，その限りでない（信託法59条2項ただし書）。受益者の受益権行使が制限される結果，受託者に対する監督が問題となることがあり得るが，そのような場合には通常は委託者がそういう役割を果たすことになろう[24]。

3　受益者連続信託

(1)　意義

　信託上の受益者は1人でも複数でもよく，また同時若しくは順次に存在しても構わない。さらに信託の設定時に現存する必要はなく，特定されていなくてもよい（信託法67条1項）。したがって，財産承継の手段として信託契約を締結し又は遺言信託を設定するに当たっては，委託者は多数の受益者が順次に受益権を取得するよう設計することもできる。

　信託財産に対する受益権は，委託者の意思によって多様な形で存在し得るが，そのうちの一つが収益受益権と元本受益権の区別である。収益受益者と

元本受益者が存在する場合，それぞれの受益権は連続する。このような連続的な受益権（successive interests）は，同一の信託財産から順次に発生するものであり，通常は前受益者の死亡を原因として連続するが，それに限られない[25]。

(2)　受益者連続信託の効力

受益権の順次取得が受益者の死亡を原因とする場合，民法上の後継ぎ遺贈〔訳者注：以下，原文に従って「受遺者連続遺贈」という用語を用いる。〕との関係が問題となり得る。例えばAが遺言によりBに甲不動産を贈与し，B死亡時にはC，C死亡時にはDにそれぞれ甲を帰属させるものとした場合，このような遺言はその効力を認めることができない。受遺者Bが取得した甲の権利は，同人の死亡時にその受遺者又は相続人に移転されなければならないから，もしAの意思によって他人に帰属することが認められるのであれば，これは民法の定める財産承継の秩序を損ねることとなる。また，この場合Bは甲の所有権を取得したにもかかわらずその権利が生存する間だけ認められる結果となるが，このような内容の所有権も民法上は認められない（物権法定主義）[26]。そこで，受遺者連続遺贈が無効であるのと同様に受益権の帰属が連続する受益者連続信託も無効であるのかが問題となる。

この点，信託法2条は受益者の存在形式に対する制限を設けておらず，何よりも受益者連続信託と受遺者連続遺贈との間にはその実質において差異が存在する。連続する受益者は信託財産の所有権ではなく収益受益権を順次に取得し，信託財産の所有権は依然として受託者に帰属している。したがって，遺贈の目的である財産自体が一連の受遺者に順次移転するわけではない。もし信託財産の元本が移転するとすれば，信託は終了し，連続受益者が登場する余地はない。受益者の死亡により収益受益権が消滅するのは信託上受益者が享受できる権利の内容によることであって，それは物的支配秩序にも相続法にも反するものではない。むしろ受益者連続信託を通じて，一回的・終局的な遺贈と違って多様な形態での受益権の帰属方式を設計することができるのである。したがって，受益者連続信託において一定の権利者が連続される外形だけをもって，受遺者連続遺贈とその効力を同様に扱うのは妥当ではな

く，両者はそれぞれの法理に従ってその効力を判断すれば十分である[27]。

いずれにしても，これまでこの問題に関する論議は十分になされてこなかったが，財産承継の手段として受益者連続信託を活用するに当たり，信託法60条は，受益者連続信託の有効性を明文で認めており，その効力が民法との関係で問題となり得るとしても，受益者連続信託を活用できる法的根拠を提供している。しかし同条は，受益者連続信託の効力を認めているだけで，その存続期間や遺留分との関係等個別的な効果や争点については解釈に委ねている。

(3)　受益者連続信託の存続期間

財産承継の方式を定めるために信託を設定する場合，その信託は当然ながら長期間存続するのが通常である。この場合，その存続期間を数十年あるいは永久に定めることが可能なのか疑問が生じ得る。この点について信託法は，信託の一般的な存続期間はもちろん受益者連続信託の存続期間についても明文の規定をおいていない。その結果，信託の存続期間は，まずは信託の定めによる。とはいえ，過度の長期間にわたって信託の拘束を受ける信託財産を創出することは，財貨の流通を遮断するほか，その帰属を不明確なものにするおそれがあるから，そのような信託の効力はやはり否定されなければならないであろう。この場合，相当の期間を超える部分だけを無効とみることができるが（一部無効の法理），信託の目的を達成することができないなどの事情が存する場合には，信託全部を無効とすべきであろう。

(4)　連続受益者の不存在

受益者連続信託においては，信託上連続受益者が存在しなくなった場合の信託の効力が問題となる。連続受益者の不存在は信託の目的を達成することができない場合に該当するから，当該信託は終了し（信託法98条1号），帰属権利者のための法定信託が存続することになる（信託法101条4項）。長期間にわたる受益者連続信託の場合には，委託者があらかじめ帰属権利者を定めることができず，又は定めなかった場合があり得る。また，帰属権利者がその権利を放棄した場合，信託の残余財産は委託者とその相続人に帰属するが（信託法101条2項），委託者が既に死亡し，その相続人も死亡して数次相続が

開始しているようなときは，受託者が帰属権利者を見つけることが現実的に困難であり，それに伴う業務の負担が増えてしまう[28]。だからといって，直前の受益者の相続人に信託財産を帰属させることも，後続の受益者が存在しないという偶然の事情により予期せぬ利得を与えることとなり，妥当ではない。結局，信託財産を終局的に誰に帰属させるかは委託者の決定によるべき問題であり，委託者の意思を推定すべき要素を見つけることが困難であるならば，信託の終了に関する一般規定によるほかないと思われる（信託法101条5項）。

4　裁量権の行使による受益者の指定

(1)　裁量信託と受益者指定権（power of appointment）

　信託の設定時に委託者は特定の受益者又は特定の内容の受益権を直ちに帰属させるのではなく，将来の状況の変化に応じて受託者が決定するよう留保することもできる。信託法も信託行為として受益者指定権者や変更権者を定めることができることを明文で定めている（信託法58条）。したがって，委託者は裁量信託により受託者に対して配分的裁量（dispositive discretion）を与え，いつ，どの受益者に，どれだけの受益権を帰属させるかの決定を委託することができる。受託者は信託財産から生じる収益を直ちに配分せず，自らの判断で積み立てることも受益者に無償で貸し付けることもでき，また，いつでも元本を特定の受益者に帰属させて信託を終了させることもできる。社会的・経済的な変化に応じて将来の予見不可能な事態に対処できる柔軟な裁量信託は，イギリスとアメリカで家産の維持のための魅力的な制度として認識され，活用されてきた。信託期間が比較的短期間である場合にも，例えば遺言者が遺言信託を設定する際に自身の死後に各受益者が何を必要とするか，どのような方法が税制上最も効果的であるかについて確信が持てない場合に，裁量信託は有用である。

　委託者は受益者及び受益権の決定に関する権限（personal power）を受託者以外の第三者に与えることもできる。第三者は自身の裁量で具体的に受益者及び受益権の内容を決定することができる。受託者の有する裁量が権利であ

ると同時に義務としての性質を有するのとは異なり，第三者の受益者指定権
は権利としての性格が強い。

(2)　信託上の裁量権と遺言によらない受益者指定の効力

　民法上，受遺者の決定を第三者に委託することは，遺言の代理を許すこと
となるから無効と解するのが一般的である[29]。身分行為は代理に馴染まず，
遺贈のような終意処分にあっては，何よりも遺言者の意思が重要だからであ
る。しかし，遺言者が遺贈を受けるべき者の範囲を限定しつつ，具体的な特
定を遺言執行者又は第三者に委ねた場合にまで遺贈そのものを無効とするこ
とが常に妥当であるかは疑問である。このような場合，遺言者の意思として
は自身が定めた範囲内の者であればで誰が遺贈を受けても構わないのであり，
ただ，死後に，より適切な者に遺贈がなされることを希望していたものと解
される。とすれば，第三者が受遺者を指定するのは，遺言者の意思を具体的
に実現する行為でしかないのであるから，その効力を否定すべきではない。
そして，遺言によって遺産分割の方法の決定を第三者に委託することができ
ると定めている民法1012条に照らしても，受遺者の指定だけを無効とする根
拠はない。

　上記の観点からすると，財産承継のための信託において受託者の裁量に
よって受益者及び受益権の内容を定める場合にもその効力を全面的に否定す
べきではない。裁量信託が有効なものとなるためには，潜在的な受益者の範
囲が確定されていれば足りよう。そして，受託者が裁量権を有するからと
いって受託者がすべてを任意に行えることを意味するのではなく，受託者は
善良な管理者の注意をもって信託の約定と目的，受益者の利益のために裁量
権を行使する義務があるという点もその理由となる。

　一方，第三者に対して受益者指定権を与える場合にも，委託者は受益者指
定権者の権能を制限して，一定範囲内の者に対して，あるいは一定の比率で
受益権を配分するよう定めることもできる。受託者には，受益者指定権の行
使に際して善管注意義務を負う。とすると，受益者又は目的物の範囲が限定
されている限り，たとえ具体的な対象と内容の決定を第三者に委ねたとして
も，信託法はもちろん相続法の観点からも当該信託は有効と解すべきである。

5　遺留分と信託

　財産承継のための信託において特に相続法との関係で問題となるのが，遺留分制度との関係である。すなわち，遺留分算定のための基礎財産に算入されるのは受託者に帰属した信託財産なのか受益権なのか，遺留分返還請求の相手方は受託者なのか受益者なのか，受益者が連続する場合の相手方は誰なのか，収益受益者と元本受益者のいずれが返還義務を負い，何を返還しなければならないのか，というような一連の問題が提起されている。これらの問題に関する最高裁判例はまだなく，学説もそれぞれの論点をめぐって対立している状況である[30]。

　まず，遺留分権は委託者が信託を設定した場合にも保障されるといわなければならない。遺留分制度は被相続人の財産処分の自由と法定相続人の利益とを調整するための立法的な決断であるから，相続開始後に遺留分権利者がその権利を放棄することはできても，当事者間の協議によりそれを変更又は排除することはできない[31]。遺留分制度に関する立法論はさておき，解釈論の次元で信託財産及びそれから生じる利益の享受を遺留分とは無関係なものとして扱うことはできない。歴史的に信託制度は，社会的・制度的な限界を乗り越えるための手段として発展してきたが，現行法のもとで遺留分を通じて相続人を保護しようとする立法的な決断を無為なものとする制度ではないからである。そして，信託と遺留分との関係に関する解釈論は，信託の構造を前提とし，その制度的特質を遺留分制度における贈与や遺贈のような要素に取り込む作業であり，この場合受益者保護のような信託の重要な原則が損なわれてはならない[32]。もっとも，信託法はその点に関する規定を何ら用意していないから，信託の設定と受益権の帰属による遺留分侵害の有無とその効果については，信託の特質を考慮しつつ相続法の解釈によるべきである。

　信託の構造上，信託財産から生じる利益が受託者ではない受益者に帰属するという点に着目するなら，受益者を受贈者ないし受遺者と同様に遺留分返還義務者とし，その受益権を基礎財産に算入し，遺留分返還請求の対象は受

益権であると解するのが妥当であると考えられる。これに対し，遺留分を侵害する被相続人の財産の移転は対内外的に受託者に対して行われるのであって受益者はその利益を享受するという点，また，将来の受益者の確定及び受益権の評価，遺留分返還請求権の行使が事実上容易ではないという点を考慮すると，受託者を返還義務者とし，信託財産を基礎財産に算入する解釈も可能であろう。さらには，折衷的な立場として，受託者又は受益者に対する遺留分返還請求を認め，相手方によって信託財産又は受益権を遺留分返還請求の対象とする解釈も可能かもしれない。

　以上のような解釈論上の可能性はさておき，遺留分に関する上記の争点に対する明確な基準が定立されていない状態のもとでは，当事者は信託を利用するのに躊躇せざるを得ない。信託を設定したとしても，遺留分に関する紛争と費用が発生し得るなら，財産承継のための有用な制度として信託の積極的な活用を期待することは困難である。贈与や遺贈のように被相続人の財産そのものが一回的に特定の者に帰属することを前提とする遺留分関連規定を，信託についてもそのまま適用するのには自ずから限界がある。その反面財産の帰属とその利益の享受とが分離し，それが現在と将来にわたって多様な形で設計される信託の特質により上記のような問題が提起されるのは，ある意味で必然的なことでもある。したがって，遺言自由の原則とその例外としての遺留分の制限という観点から，被相続人の意思を尊重しつつ[33]，信託の構造的特性にも鑑みて，遺留分権利者の権利を保障できる立法を摸索する必要があるといえる。

【注】
1)　遺贈の場合は，相続と異なり，法人も遺言者の死亡時に存在する限り，受遺者となることができる。
2)　大法院1996年4月12日宣告94ダ37714,37721判決及び大法院2001年9月14日宣告2000ダ66430判決も，遺贈の方式に関する民法1065条から1072条までの規定は，単独行為を前提とするものであるから，契約である死因贈与にはそれらの規定が適用されないことを明らかにしている。
3)　憲法裁判所2008年3月27日宣告2006憲バ82決定。

4）金炯錫「遺言方式の改正方向」家族法研究33巻 1 号125頁以下。

5）憲法裁判所2008年 3 月27日宣告2006憲バ82決定。

6）玄昭惠「遺言方式の改善方向に関する研究」家族法研究23巻 2 号18頁以下。

7）大法院20088月11日宣告2008ダ1712判決は，公証人が遺言者の意思に従って遺言の趣旨を作成し，その書面に従って遺言者に質問をすることにより遺言者の真意を確認した上で遺言者に筆記された書面を朗読した場合，遺言者が遺言の趣旨を正確に理解する事理弁識能力を有し，遺言の内容やその経緯からして遺言自体が遺言者の真正な意思に基づくものであると認められるときは，「遺言趣旨の口授」の要件を満たしたといえると説示した。

8）大法院1998年 6 月12日宣告97ダ38510判決，大法院2007年10月25日2006ダ12848判決。

9）尹眞秀編輯代表『注解相續法第 1 巻』（博英社，2019年）630頁。

10）大法院2001年 3 月27日宣告2000ダ26920判決。

11）大法院2018年 7 月12日宣告2017ダ235647判決。

12）朴秉濠『家族法』（韓国放送通信大学出版部，1991年）470頁。

13）李東珍「遺留分法の改正方向」家族法研究33巻 1 号160頁以下。

14）尹眞秀・前掲注 9 ）926頁以下参照。

15）ただし，郭珉希・鄭求兌『「相続法改正のための専門家設問調査』を通じて検討する遺言制度の改善方案」法学論叢27輯 3 号141頁以下によれば，法学者及び実務家等を対象として行った設問調査では，自筆証書遺言についてはその方式を緩和する必要があるという意見が多かったとされる。

16）金炯錫・前掲注 4 ）131頁。

17）金炯錫・前掲注 4 ）142頁。

18）玄昭惠・前掲注 6 ）37頁以下。

19）大法院1998年 6 月12日宣告97ダ38510判決。

20）金相瑢「子の遺留分権と配偶者相続分に関する立法論的考察」民事法学36号683頁。

21）李東珍・前掲注13）196頁。

22）遺言信託は，有効な遺言を前提とするため，前述した遺言の利用と限界がそのまま当てはまる。

23）遺言信託においても委託者の死亡時に第三者が受益権を取得するが，遺言により設定され，信託自体が委託者の死亡によりその効力を生じるから，「遺言代用」ではない。

24）法務部『信託法解説』（2012年）471頁。

25）J.E.Penner, *The Law of Trusts,* 10th edition, Oxford, 2016, pp.79f.

26）崔秀貞『信託制度を通じた高齢者の保護と支援』（集文堂，2010年）158頁以下。

27）崔秀貞・前掲注26）164頁以下。

28）法務部・前掲注24）495頁。

29）朴秉濠・前掲注12）358頁，郭潤直『相続法』（博英社，2004年）249頁。

30）崔秀貞「遺言代用信託と遺留分との関係」人権と正義493号178頁以下参照。

31）崔秀貞「相続手段としての信託」民事法学34号595頁。

32）崔秀貞・前掲注30）194頁以下。

33）大法院2014年 5 月29日宣告2012ダ31802判決も，遺留分制度が，相続人の一定割合の相続分を保障するという趣旨のもと，被相続人の自由意思による自己の財産の処分をその意思に反して制限する制度であるだけに，その認められる範囲は必要最小限にと

　どめることが被相続人の意思の尊重という意味で望ましいとしている。

（Choi, Su Jeong／西江大学校法学専門大学院教授）

第2節

超高齢社会における
　信託の活用状況と課題

金　相　勲

訳：金　亮　完

I　はじめに

　韓国法上の相続制度は，遺言相続と法定相続とに大別される。法定相続は被相続人の意思が反映される余地がまったくないものであり，被相続人の意思による相続を実現するためには，遺言相続によるしかない。しかしながら，遺言には三つの限界が存在する。すなわち，厳格な要式性に起因する形式上の限界，遺言法定主義に起因する内容上の限界，そして，生前にいつでも撤回又は変更をすることができるという時間上の限界がそれである。このような遺言の限界を克服し，相続財産の処理に関する被相続人の意思をより尊重し，それを貫徹させるために導入されたのが，遺言代用信託である。遺言代用信託は，2011年の信託法全部改正の際に導入されたものである。遺言代用信託は，英米法のLiving Trustに類似した制度であるが，実際には日本の信託法を参考にしたものである[1]。本稿では，筆者が実務で経験した相続信託の状況及び遺言代用信託と遺留分との関係に関する下級審の裁判例を紹介する。そして，韓国の信託制度の問題点ないしは課題に触れることにより，超高齢社会における信託の効用を増大させるための方法を探ることとしたい。

II　相続信託の多様な活用例

1　高齢者が認知症に罹患した場合の備え

　高齢者が認知症に罹患した場合に備えてあらかじめ財産を信託しておき，

実際に認知症に罹患した場合に，死亡するまで信託の元本を処分せずにその収益から治療費や生活費が得られるよう受託者との間で契約を締結するものである。高齢者が認知症となった場合には，周囲の者が当該高齢者の財産を横領することが往々にしてあるが，遺言代用信託を利用すれば，そのような不正を未然に防止することができる。もし高齢者が信託契約を締結する前に判断能力が減退し，自ら信託契約を締結することが困難な場合には，成年後見制度を活用することになる。成年後見開始の申立てをして成年後見人が選任されれば，成年後見人が裁判所に対し，高齢者の財産管理のための信託契約締結の許可を請求することになる。

　実際に成年後見人が成年被後見人たる高齢者のために信託契約を締結した例は，管見の限り見当たらないが，未成年後見人が裁判所の許可を得て信託契約を締結した事例は存在する。いわゆる「セウォル号事件」により父母を失った未成年の子の相続財産と寄付金を管理するために当該子のおばが未成年後見人に選任されたが，財産管理が負担となったことから家庭裁判所に信託契約締結の許可を請求したところ，これが認められ，財産管理は信託会社が行い，後見人は当該子の身上監護に集中することができた。

2　子からの親の財産の保護

　親の財産を虎視眈々と狙っている子から財産を安全に保護することを目的として，親が自ら自分の財産を信託する場合がある。この場合，生前受益者を親，死後受益者を子と設定し，信託契約の解約あるいは変更をする場合には死後受益者の同意を得るという方式がとられる。これは，欲深い子からの強い要求（多くの場合，財産を処分して子に贈与せよという要求）を拒否できない，老いた無力な親を守る有用な方法である。

3　財産管理能力を有しない子の保護

　子あるいは孫の年齢が低い場合には，財産を取得させても管理能力が十分でないために子が財産を失う危険性が高い。このような場合に備え，子を死後受益者とする遺言代用信託が活用されている。子が成年に達するまで，又

は，大学卒業時までは信託元本の処分を禁止しておき，信託の収益だけを取得させて生活費等を確保する遺言代用信託も多く活用されている。

4 「親孝行契約」に代わる贈与信託

子にあらかじめ生前贈与をしたが，子が高齢の親の扶養をしないために生活に困る親が存在する。一方で，そのようなリスクがあるにもかかわらず，節税の目的などから生前贈与をする必要性も存在する。そこで，贈与の際に子と「親孝行契約」（贈与後に親の扶養等をしなければ贈与契約を解除する内容の契約）を締結することもある。しかし，そのような契約を締結しても実際に子が親を扶養しない場合には，訴訟以外に解決の方法がない。このような問題を解決するために贈与信託制度が活用されている。これは，親が子に財産を贈与するとともに，子にその財産を信託させる方式である。そして，信託契約の内容として親に対する扶養等を盛り込み，親を信託の受益者に設定する。受託者は，信託契約の内容に従って信託の収益を受益者である親に支払う。受贈者たる子が贈与の目的物たる財産を勝手に処分することを制限するために，信託契約の解除又は信託財産の処分の際には親の同意を要すると定めることもできる。

Ⅲ　遺言代用信託の課題

1　制度上の問題点

韓国において，相続の手段としての信託の活性化を阻む最大の障壁は，租税と遺留分の問題である。さらに付け加えれば，株式信託における議決権行使の制限という問題がある。

相続や贈与の際に信託を利用するのがほとんどであるアメリカでは，遺言検認手続（Probate）を回避するためだけではなく，節税の手段として信託が利用されている。そのために非常に多様な信託類型が用意されている[2]。これに対して韓国においては，信託について特別な税制上の優遇措置が存在しない。唯一の例外は，最近認められた障がい者信託に対する若干の優遇措置のみである[3]。これを除けば，優遇措置はおろか信託に対する課税制度すら

整備されていないのが実情である。遺言代用信託により受益者となった子（死後受益者）は所得税を負担するのか，それとも相続税ないし贈与税を負担するのか，あるいはその両方を負担するのかも不明確である。また。委託者である被相続人の死亡時に直ちに信託の元本を取得せずに信託収益のみを取得する場合に，信託の元本に対する相続税をいつ誰が負担するかについても明確な基準がないのが現状である。

　他方，「資本市場と金融投資業に関する法律」は，信託業者が株式の信託を受けた場合に発行株式の15％を超える株式について議決権を行使できないよう制限している（同法112条3項1号）。おそらく金融と産業の分離原則を維持するためのものと推測されるが，遺言代用信託の場合には，オーナー経営者が議決権行使指示権を留保することがほとんどであると思われるから，金融が産業を支配する問題は生じないと考えられる。したがって，委託者が議決権行使指示権を留保した遺言代用信託については，株式信託であっても，信託業者の議決権行使を制限してはならない。株式信託を活用した家業の承継を円滑に行うためには，その点を必ず是正する必要がある[4]。

　以上のように，遺言代用信託については，租税法の側面だけでなく，資本市場法の側面からも制度上の問題点が深刻であるが，本稿では，遺言代用信託と遺留分との関係を中心に検討することとする。

2　遺留分制度との関係

⑴　問題の所在

　信託の起源であるアメリカとイギリスでは，原則として遺留分制度が存在しないために，遺言や信託を通じて人や団体に財産を移転することが可能であった。しかし，韓国においては遺留分制度が存在するから，遺言又は生前贈与から排除された相続人は，自身の法定相続分の一定割合（配偶者又は直系卑属の場合は2分の1）を遺留分としてその返還を請求することができる。この場合，遺言代用信託の信託財産は，遺留分算定のための基礎財産に含まれるのであろうか。含まれないとすれば，被相続人は遺言代用信託を活用して望みどおりの自由な相続設計が可能となろう。これに対し，たとえ遺言代用

信託を設定したとしても遺留分制度を避けて通ることはできないという見解に立てば，委託者の立場からすると遺言代用信託を設定するメリットは相当低いものとなる。現在の解釈論は，遺言代用信託を設定しても，それは遺留分算定のための基礎財産に含まれるとする見解が多数説であり，それを否定するのは少数説である。このような状況のなか，最近，遺言代用信託に預けられた財産が遺留分返還の対象とならないことがあるとした下級審裁判例[5]が現れ，大きな議論を巻き起こした。以下においては，これまでの学説の状況を必要な範囲で簡略に触れたうえで，上記下級審裁判例を詳細に検討した上で筆者の考えを開陳する。

(2)　**学説の状況**

この問題をめぐる学説は，以下の4つに整理することができる。

ア　相続財産説

遺言代用信託の信託財産（元本）それ自体が遺留分算定のための基礎財産に該当するから，信託財産は相続開始時における被相続人の財産に含まれるとする見解である[6]。

イ　贈与財産説

遺言代用信託の信託財産そのものが遺留分算定のための基礎財産に該当し，この場合の信託財産は被相続人が贈与した財産とする見解である。さらにこの説は，受贈者が誰かにより，受益者に贈与したものとする見解[7]（受益者贈与説）と，受託者に贈与したものとする見解[8]（受託者贈与説）とに分けられる。

ウ　受益権贈与説

信託財産そのものではなく，信託受益権を死後受益者に死因贈与したものとする見解である[9]。

エ　遺留分返還否定説

遺言代用信託の信託元本のみならず信託受益権も遺留分算定のための基礎財産に含まれないとする見解である[10]。

(3)　**判例の態度（水源地方法院城南支院2020年1月10日判決）**

ア　事実関係

2017年11月11日に死亡した亡Aは，1946年6月13日にB（1973年10月25日死

亡）と婚姻し，子C・D・Eをもうけた。Eは，1971年7月29日にPと婚姻
し，子Q・Rをもうけたが，1998年7月16日に死亡した。Cは，Xと婚姻し，
子Y・Zをもうけたが，亡Aの死亡前に死亡した。

　亡Aは，2014年4月29日にH銀行との間で「Hリビングトラスト（Living
Trust）」信託契約（以下「本件信託契約」という。）を締結し，生前受益者を亡A，
同人死後における第一次受益者をDと定めた。本件信託契約では，現金3億
ウォン及び不動産が信託財産（以下「本件信託財産」という。）とされており，
上記不動産については，2014年4月30日に，H銀行への所有権移転登記がな
された。

　Dは，亡A死亡の直後である2017年11月24日に上記不動産につき信託財産
帰属を原因とする所有権移転登記を了し，2018年4月30日にはその余の信託
財産である現金3億円を信託口座から払い戻した。そこで，P・Q・R（以
下「原告ら」という。）は，Eの代襲相続人としてDを被告として遺留分返還請
求の訴えを提起した〔訳者注：韓国民法1003条は，代襲相続人に代襲者の配偶者を含
めている。〕。その中で，原告らは本件の信託財産は被告を受贈者とする財産
とみるべきであると主張した。

　イ　第1審判決[11]

　遺留分算定の基礎となる財産の範囲に関する民法1113条1項のいう「贈与
財産」とは，相続開始の前に贈与契約が履行され，所有権が受贈者に移転さ
れた財産を指すのであるから，未だ贈与契約が履行されておらず，所有権が
被相続人に帰属している状態で相続が開始した場合は，当然ながら「被相続
人が相続開始時において有していた財産」に含まれ，受贈者が共同相続人で
あるか第三者であるかを問わず，すべて遺留分算定の基礎となる財産を構成
する（大法院1996年8月20日宣告96ダ13682判決）。本件において，本件信託財産が
亡Aの死後に被告の所有に帰属した事実は既に認定したとおりであり，亡A
が被告に対して本件信託財産を生前贈与したとみることは困難である。また，
亡Aの死亡当時において本件信託財産の権利は受託者であるH銀行に移転し
ており，対内外的な所有権はH銀行が有していたのであるから，本件信託財
産が亡Aの積極財産に含まれているとみることもできない。もっとも，信託

財産の受託者への移転は，受託者が委託者に対して信託財産に対する対価を支払わないという点でその性質上無償処分に該当するところ，民法1114条，1113条により遺留分算定の基礎財産として贈与は，本来の意味での贈与契約に限られずに無償処分も含まれると広く解されるから，民法1114条に該当する場合や相続人を受託者とする場合は，民法1118条，1008条により遺留分算定の基礎となる贈与財産に含まれることがあり得る。本件信託契約の受託者は相続人ではないから，本件信託財産が民法1114条により贈与財産に算入されるかをみるに，本件信託契約及びそれに伴う所有権の移転は，相続が開始した2017年11月11日より1年前になされたものであり，本件記録によれば，受託者であるH銀行が本件信託契約により遺留分の不足額が発生することを知っていたと認められる証拠は存在しないのであるから，本件信託財産は，民法1114条により算入されるべき贈与に該当せず，遺留分算定の基礎とならない（原告らの請求を全部棄却[12]）。

ウ　控訴審判決[13]

本件信託財産が遺留分算定の基礎となる財産に含まれるかどうかにかかわらず，原告らの遺留分不足額は発生していないから，本件においては，遺留分算定の基礎となる財産に本件信託財産が含まれるかどうかについては判断しない[14]（控訴棄却。原告らが亡Aから遺留分不足額を超える生前贈与を受けていることが認定された[15]）。

(4)　**検討**

ア　学説の検討

前述した各学説に対する検討に入る前に，遺留分制度が被相続人の財産権，遺言の自由，私的自治の原則に対する例外である点を，まず指摘しておきたい。したがって，遺留分算定の基礎財産ないし遺留分返還の対象となる財産の範囲の解釈に当たっては，民法の定める規定の文言の意味を離れて拡大解釈してはならない。大法院も，「遺留分制度が，相続人の相続分を一定の範囲で保障するという趣旨のもと，被相続人の自由意思による財産の処分をその意思に反して制限するものであることに鑑みると，その範囲は必要最小限度にとどめるのが被相続人の意思の尊重という意味で望ましい」と判示して

遺留分に関する規定の拡大解釈に警鐘を鳴らしている[16]。また，遺留分制度が導入された当時の社会状況と比較しても，現在はその必要性が著しく減少した点も考慮しなければならない[17]。

　(a)　相続財産説に対する反論　委託者が財産を受託者に信託すると，その財産はその時から委託者の所有ではなく受託者の所有となる。大法院も一貫して信託財産の対内外的な所有者を受託者としている（大法院2002年4月12日宣告2000ダ70460判決[18]）。したがって，遺言代用信託の信託財産は，相続開始時において被相続人に帰属する財産ではない。

　(b)　贈与財産説に対する反論　民法1113条のいう「贈与財産」とは，相続開始の前に贈与契約が履行され，所有権が受贈者に移転した財産を意味する（大法院1996年8月20日宣告96ダ13682判決，大法院2012年12月13日宣告2010ダ78722判決[19]）。委託者が遺言代用信託を設定した時はもちろん，相続が開始するまでの信託財産は死後受益者に移転していない。したがって，遺言代用信託の信託財産は受益者に対する贈与財産ではない。他方，受託者に対する贈与財産といえるかどうかについては，下記の判例に対する検討で論じる。

　(c)　受益権贈与説に対する反論　遺言代用信託における受益権は，生前受益権と死後受益権とに分けられる。相続人が取得するのは後者である。死後受益権は，被相続人が生前に有していた財産ではない。被相続人が死亡してはじめて発生する権利を被相続人が有することは不可能なのである。被相続人は，生前受益権及び受益者変更権を有するのみである。したがって，死後受益権を相続開始時に被相続人が有していた積極財産に該当するとみることはできない。これに対しては，委託者が生前に保有していた生前受益権が相続財産に当たるとの反論があり得る。しかし，これは生前受益権と死後受益権が同一であるということを前提としたときに可能な主張である。生前受益権と死後受益権は，受益の内容や価額，期間等において差異が生じ得る，法律上はまったく別個の権利である。すなわち，被相続人が生前有していた生前受益権は被相続人の死亡により消滅し，遺言代用信託の契約の内容に応じて死後受益権が発生し，これが相続人に帰属するものとみるべきである。他方，死後受益権を被相続人が生前に相続人に贈与した財産とみることもでき

ない。遺言代用信託の場合には，委託者が任意に受益者を変更する権利を有する（信託法59条）。死後受益権は，原則として委託者によりいつでも変更ができるものであるから，信託契約時に死後受益者に権利が成立したとみることはできない。前述したように，民法1113条のいう「贈与財産」は相続開始の前に贈与契約が履行され，所有権が受贈者に移転した財産を指すから，被相続人により死後受益者に指定されただけで贈与契約が履行されたとみることもできない。また，死後受益権は被相続人が有していた権利でもない。自己の有しない権利を贈与することは法律上不可能なことである。結局のところ，遺言代用信託の信託受益権もまた遺留分算定の基礎財産に含めることはできない[20]。

イ　判例の検討

第1審は，贈与財産説のうちの受託者贈与説を採用している。しかし，委託者が受託者に財産を信託することを受託者に対する贈与とみるのは，信託財産の独立性に反する。信託財産は，形式的には受託者の所有となるが，それは受託者の固有財産とは区別された独立の財産としての性格を有する。したがって，信託財産は受託者の相続財産に属さず，受託者の離婚に伴う財産分与の対象にもならない（信託法23条）。また，信託財産は破産財団，再生手続の管理人が管理及び処分の権限を有する債務者の財産又は個人再生財団を構成しない（信託法24条）。その他にも信託財産との相殺や混同の特則が規定されているのも，信託財産の独立性によるものである[21]（信託法25条，26条）。

受託者贈与説は，基本的に信託の概念ないし本質に反するものである。受託者は原則として信託財産からの利益を享受する者ではない。委託者の意思表示の内容も信託を設定することであって，受託者に対して贈与することではない。このように「終局的な利益」を受領しない者が贈与を受けたとみることは困難である。受託者贈与説は委託者が受託者に信託財産を無償で譲与したという側面だけを強調するものであり，受領者側（すなわち受託者側）は受領した財産から利益を享受することができない側面を看過している。なお，税法上も，信託を譲渡又は贈与とみないために譲渡所得税や贈与を賦課していない[22]。

ウ　小結

死後受益者が遺言代用信託から取得する権利は死後受益権である。死後受益権は死後受益者に指定された者が信託契約の定めに従って取得する自己の固有の権利であり，委託者から贈与されたものではない。死後受益権は委託者の死亡時にはじめて発生するものであり，委託者の有する生前受益権とは法律上異なるものであるから，死後受益権が委託者の相続財産に属するとみることもできない。そして，遺言代用信託の委託者が死後受益権を指定し又はこれを変更する行為は，遺留分返還の対象となる遺贈又は贈与に当たらず，これに準ずるものと解することもできない。

信託財産であろうと受益権であろうと，受益者が委託者から贈与又は死因贈与を受けたとするためには，贈与者と受贈者との間で意思表示の合致（債権行為）と物権行為がなければならない。しかし，遺言代用信託において委託者と受託者との間には，そのような債権行為や物権行為が存在しない。受益者は受益の意思表示をすることもなく当然に受益権を取得する（信託法56条1項）。法が明文で準用規定をもうけていない以上，解釈によって遺言代用信託の信託財産を受益者に対する贈与し，あるいは受益権を死因贈与したとすることは法理的に困難である。したがって，遺留分返還否定説がもっとも説得力のある主張と考える。とはいえ，遺言代用信託財産が遺留分返還請求の対象ではないとしても，遺言代用信託により財産を取得した相続人に相続税を賦課することは可能である[23]。実体法と税法は互いに異なる法理と政策によるものであるから，常に両者が連動する必要はない。すなわち，実体法上は相続財産でないものが，税法上は相続財産とみなされることはあり得るし，その逆もあり得る。

Ⅳ　結論

韓国の多くの法律専門家は，信託を利用して遺留分を回避する状況を好ましからざるものと考えているようである。これは，何としてでも信託財産を遺留分算定の基礎財産に含めようと努力している，遺言代用信託と遺留分に関する学説の状況からもうかがえる。その根底には，遺留分制度が立法者の

決断であるから，いかなる場合にもそれを破ってはならないという思考が横たわっている[24]（遺留分制度が他の制度より優位であるという主張もその思考のその延長にあるものといえる）。しかし，法律上の制度のうち立法者の決断でないものがあるだろうか。すべての法律は立法者の決断の産物である。そして，立法者の意図というのも実は明らかでないことが多い。立法者が法律で定めなかったものは，解釈の余地を残すものである[25]。立法過程での議論に拘束されるわけではない。立法者の手を離れた法律は，立法者の不確実な意図よりも，まずは法律の文言と体系に従って客観的に解釈されなければならない[26]。

　韓国において，信託に対する視線はさほど好意的でないように思われる。租税の専門家たちは信託が脱税の手段として利用され得るとして白い目で見ているし，倒産の専門家たちは信託が破産財団や再生財団に含まれないことを嫌っている。民法の専門家たちは信託が遺留分を回避することをよしとしない。韓国の法律家にとって信託は非常に異質的な存在であるだけでなく，既存の制度の限界ないしは効果を回避する手段として利用される問題児としてみているようである。しかし，信託という制度は，もともと節税効果と倒産を免れる効果を享受し，被相続人の死後の設計を円滑にするために編み出されて利用されてきた制度である。もし信託によって遺留分制度を潜脱する状況が生じ，これが社会的に問題となるのであれば，両制度の目的を調和させる方向で立法を行えば足りると考える。立法論としては，相続人であるという理由だけで無条件に相続財産に対する権利を認める韓国の遺留分制度を全面的に改め，相続財産に対する寄与や扶養の必要性がある場合にのみ相続財産にアクセスする権利を認める方向に転換する必要性があると考える。画一的な遺留分制度ではなく，融通の利く，生存家族に対する保護を重視するアメリカとイギリスの制度を参考とする必要があろう[27]。

　信託は，財産を外部に対してそのまま公開するものであるから，経済社会の透明性の高めるというメリットもある。資金が地下に流れることを防止することができる。とはいえ，信託は，社会全体の信頼と信用が確立した先進国で活用できる制度である。後世に財産を承継する目的で自己の財産を他人

に移転してその管理等を委ねることは，おそらく後進国では想定できないことであろう。信託が新しい相続手段として機能するためには，遺留分制度と税制上の限界ないし不透明性を解消しなければならない。信託の本来の機能，すなわち財産承継の手段としての機能が発揮されるための社会的・経済的な土台が形成されることが望まれる。

【注】
1) 日本の信託法では，「委託者の死亡の時に受益者となるべき者として指定された者が受益権を取得する旨の定めのある信託」と定めている（同法90条）。
2) 詳細については，金相勲「アメリカの相続設計に関連した信託活用現況——カリフォルニア州を中心に」家族法研究28巻2号360頁以下参照。
3) 相続税及び贈与税法52条の2第2項によれば，障がい者が財産の贈与を受け，申告期限までにその財産を信託して信託から生じるすべての利益を本人を受ける場合には，5億ウォンまでは贈与税の課税価額に含まれない。税制優遇の対象は障がい者に限られず，国家有功傷痍者又は常時治療を要する重症患者である癌患者，慢性腎不全患者等も税制優遇を受けることができる。贈与者には，直系尊卑属だけでなく，第三者も含まれる。
4) 詳細については，金相勲「遺言代用信託を活用した家業承継」企業法研究29巻4号27～28頁参照。
5) 水源地方法院城南支院2020年1月10日宣告2017ガ合408489判決。
6) ジョン＝ソミン「信託制度を通じた財産承継」『BFL叢書10　信託法の争点（第2巻）』（ソウル大学校金融法センター，2015年）150頁。
7) チェ＝スジョン「改正信託法上の財産承継制度——遺言代用信託と受益者連続信託を中心に」法学論叢31輯2号79～80頁。
8) グァンジャン信託法研究会『注釈信託法』（博英社，2013年）267頁，李＝ファヨン「財産承継手段としての信託と相続——信託の財産承継手段としての活用可能性と遺留分返還の問題を中心に」私法論集65号497頁。
9) イム＝チェウン「信託と遺留分に関する研究」司法41号141頁，オム＝ボクヒョン「信託制度と遺留分返還制度との関係」家族法研究32巻3号176頁，ジョン＝グテ「信託制度を通じた財産承継——遺留分との関係を中心として」人文社会21第9巻1号661頁。他方，チェ＝ジュンギュ「遺留分と信託」司法34号249頁は，原則として受益者に受益権を贈与したとの見解をとりつつも，受益者が特定されていない場合や，いない場合などのように，それによることができない場合又は遺留分権利者にとって著しく不当である場合等特段の事情がある場合に限り例外的に受託者に贈与したものとしている。
10) 金・前掲注4）20～21頁。
11) 前掲注5）。

12) この記述は筆者が付け加えたものである。

13) 水源高等法院2020年10月15日宣告2020ナ11380判決。

14) 控訴審判決に対しては上告がなされず，控訴審判決が確定した。

15) この記述は筆者が付け加えたものである。

16) 大法院2014年 5 月29日宣告2012ダ31802判決。

17) この部分（遺留分制度の存在意義）の詳細については，金・前掲注 4 ）15〜16頁参
照。

18) 「信託法上の信託は，委託者が受託者に特定の財産権を移転その他の処分をすること
により，受託者に信託の目的のためにその財産権を管理・処分をさせるものであるか
ら（信託法 1 条 2 項），不動産の信託において，受託者名義に所有権移転登記を了し
たときは，対内外的に所有権が受託者に完全に移転するのであって，委託者との内部
関係において所有権が委託者に留保されるわけではないというべきであり，このよう
に信託の効力として信託財産の所有権が受託者に移転する結果，受託者は対内外的に
信託財産に対する管理権を有するが，ただ信託の目的の範囲内において信託契約の定
めるところに従って信託財産を管理しなければならないという制約を負担するにすぎ
ない。」

19) 「遺留分算定の基礎となる財産の範囲につき民法1113条 1 項が対象財産に含まれると
定めている『贈与財産』とは，相続開始の前に贈与契約が履行され，所有権が受贈者
に移転した財産を指し，未だ贈与契約が履行されていないために所有権が被相続人に
帰属している状態で相続が開始した場合には，相続財産すなわち『被相続人が相続開
始の時において有していた財産』に含まれているとみなければならない点に照らして
も，贈与契約が改正民法の施行時に締結されたが，その履行が改正民法の施行以後に
なされたのであれば，その財産は遺留分算定の対象となる財産に含めるのがよく，こ
の理は贈与契約の履行が民法施行以後になされたのであれば，それが相続開始の前で
あるか後であるかを問わず，同様である。」（大法院2012年12月13日宣告2010ダ78722
判決）

20) 金相勲「新しい財産承継手段としての保険金請求権信託」司法41号37〜38頁。

21) パク＝グンウン「相続による企業承継のいくつかの問題」比較私法27巻 3 号76頁も
同様のことを根拠に判例を批判している。

22) 一方，受託者贈与説による場合，遺留分権利者は受託者を相手方として返還請求を
しなければならないが，本件においては受益者を被告としており，また，法院も被告
適格を問題としなかった点を批判する見解もある。崔＝スジョン「遺言代用信託と遺
留分との関係——韓国と日本の下級審判決の比較検討を通じて」人権と正義493号。

23) 2020年12月29日に改正された相続税及び贈与税法においても，遺言代用信託と受益
者連続信託の財産を相続財産とみなし，相続税を賦課する規定を新設した（ 9 条， 2
条）。

24) 遺言代用信託が遺留分制度を潜脱する手段として用いられることを許せば，法体系
を過度に崩すことになるとの見解もこれに近似する立場といえる。李＝ゲジョン「高
齢社会における信託の役割——信託の公益的機能に注目して」法学61巻 4 号109頁。
しかし，それなりに根拠も理由もある解釈の結果として法体系上の問題がもたらされ
るとすれば，異なる解釈をとることも可能であるが，それを理由に法律を改正するこ
とも可能である。

25) 2011年改正信託法に関する法務部の解説書においても，遺言代用信託と遺留分との

関係は解釈に委ねられるとしてしている。法務部『信託法解説』（法曹協会，2012年）489頁。

26）遺留分制度と遺言代用信託との優劣については，金・前掲注4）19～20頁参照。遺言代用信託制度は，遺留分制度の特別法に当たるから，遺留分制度より優先すると考える。

27）アメリカの制度については，金相勲『米国相続法』（世昌出版社，2012年）71頁以下参照。イギリスの制度については，玄昭惠「遺産寄付活性化のための遺留分制度の改善方案」外法論集43巻2号51頁以下参照。

（Kim, Sanghoon／法務法人トリニティ代表弁護士，法学博士）

第3章

台湾における遺言及び信託の活用

高齢者のニーズから台湾における 遺言制度を検討する

黄　浄　愉

I　序論

　台湾民法では，自筆証書，公正証書，秘密証書，代筆証書，特別方式遺言という5つの遺言方式がある（1189条）。制定当時は明治民法を参照したため，代筆証書遺言を除き，その他の遺言の成立要件は日本法のそれと類似している。

　台湾では統一した遺言書保管制度がなく，遺言の利用状況を正確に把握することが難しい。もっとも，公正証書遺言をするには，公証人の公証を要し，秘密証書遺言をするには，公証人による法定方式の完了を要する。また，自筆証書遺言及び代筆証書遺言については，公証人の認証を求めることができる。そこで，司法統計の数値が参考となる[1]。【表1】によると，公証・認証のある遺言書は，2003年の1,938件から2021年の8,407件まで，19年間で4.3倍に増加している。台湾人は次第に遺言制度を利用し，遺産分配又は葬祭のことを手配するようになってきたことが分かった。とはいえ，全人口に比べると，遺言の利用者数は依然として少ないのも事実である[2]。

　我が国は2018年に高齢社会となり，2025年に超高齢社会に突入すると予想される[3]。少子高齢化の進展及び家族構成の変化につれて，法定相続分によらずに財産を分配しようとする者が増えることは想像がつくし[4]，相続争いを避けるためにあらかじめ財産を分配する要望もあろう。そこで，本稿では，高齢者のニーズを考えた上で，学説の見解並びに実務の運用を紹介しつつ，台湾における遺言制度の問題点を検討したい。

【表 1 】公証人が取り扱った遺言の公証・認証に関する件数の推移

年	公証	認証	合計	年	公証	認証	合計
2003	707	1231	1938	2013	2306	3752	6058
2004	891	1436	2327	2014	2558	4290	6848
2005	811	1441	2252	2015	2652	4575	7227
2006	978	1550	2528	2016	2528	4106	6634
2007	1152	1806	2958	2017	2709	4404	7113
2008	1280	1923	3203	2018	2952	4624	7576
2009	1523	2398	3921	2019	3131	5032	8163
2010	1745	2638	4383	2020	3309	4864	8173
2011	1888	3004	4892	2021	3418	4989	8407
2012	2050	3474	5524				

Ⅱ　高齢者のニーズ及び遺言制度の問題点

　まず検討しなければならないのは，なぜ台湾人は遺言制度を利用しないのかという点である。被相続人の視点からすると，法定相続分によって財産分配することがその意思に合致すること，既に贈与などによって財産分配を済ましたこと，又は，分配するほどの財産がないことが，その原因だと考えられる。そのほかに，①遺言をしたいが，遺言能力がない，②遺言能力はあるが，どのように遺言をするのかが分からない，③遺言をするために，法律専門家に依頼しようとしたが，断られた，④遺言能力があり，遺言方式も分かるものの，遺留分の規定がある以上，希望どおりに財産分配することができない，⑤遺言が有効だとしても，それが確実に執行されることが保障されない，などの理由が考えられる。以下では，これらの遺言作成の阻害事由を念頭に置きつつ，我が国における遺言制度の問題点を検討していく。

1 　遺言をしたいが，遺言能力がない

　被相続人に遺言能力がない場合，その作成した遺言は無効となる。ここでは，成年被後見人及び被保佐人の遺言能力を取り上げることにする[5]。

⑴ 　成年被後見人は遺言能力がない

　民法1186条 1 項は「行為無能力者は，遺言をすることができない。」と定めており，成年被後見人は行為能力がないとされる（15条）ため，成年被後

見人には遺言能力がなく，意思能力を一時に回復した場合であっても同様だと解されている。それは，挙証困難を避けるために，ドイツ法・フランス法を参照した結果である[6]。

　しかし，本人の意思をできるだけ尊重するという本稿の立場からは，成年被後見人にも遺言能力を認めるべきであると考える。挙証問題を解決するには，日本民法973条の医師の立会いが参考になろう[7]。したがって，1186条及び行為能力に関する民法総則の規定を再検討する必要があると思う[8]。

　(2)　成年被保佐人が遺贈をするには，保佐人の同意を要する

　民法15条の2によると，被保佐人が遺贈をするには，保佐人の同意を要する（1項6号）。さもないと，遺贈が無効となる（2項により78条を準用）。2014年に開かれた公証実務研究討論会では，保佐人の同意の欠く遺言書に対し，その公証・認証の請求を受理してはならないという結論までが出ている[9]。他方，保佐制度の精神は被保佐人の権利・利益を保障し，その自己決定権を尊重することにあるため，意思能力さえあれば，遺言をすることができると解すべきとの説がある[10]。また，士林地方法院2015年度家声抗字87号裁定は，被保佐人が遺言をするには保佐人の同意を要するという明文規定がなく，それに，満16歳の制限行為能力者さえ遺言能力がある（1186条2項）以上，もはや被保佐人による遺言の作成を制限する理屈はないと判断した[11]。

　遺言の内容は，財産分配や未成年後見人の指定（1093条）など，様々な事項が含まれる。そのため，単独で遺贈をすることができるか否かという遺贈能力と遺言能力とは，異なる法概念である。ところが，遺贈は遺言によってしなければならず，また，被保佐人が遺贈をするには保佐人の同意を要するとされるため，実務学説は被保佐人の遺言能力の有無に焦点が当てられている。それに対し，本稿では，被保佐人が無断でした遺贈の効力についてのみ検討することとする。

　制限行為能力者さえ遺贈能力があれば，被保佐人は当然遺贈能力を有するというのは，そのとおりである。そのほかに，筆者は以下の理由に基づき，1186条を特別規定と解し，被保佐人は単独で遺贈をすることができると考えたい。①遺言（遺贈）は遺言者の死亡の時から発効し（1199条），また，それ

まではいつでも撤回できる（1219条）という性質のものであるため，被保佐人が遺贈をすることによって不利益になるわけではなく，遺贈能力を認めても，保佐制度の立法趣旨に反するとはいえない。②遺贈をするには他人の同意を要するというのは，本人の意思の尊重ないし遺言自由の原則（1187条）に反するだけでなく，プライバシーの侵害になるおそれもある。③保佐人が遺言の内容について利害関係がある場合は，本人のために同意することを期待することができず[12]，特別保佐人を選任し，それに同意権を行使させること（1113条の1第2項により1098条2項を準用），若しくは裁判所の許可を経てから遺贈をすること（15条の2第4項）もその解決策であるものの，手続が煩わしい。④保佐人の同意を要するとすると，保佐人は如何に同意権を行使するのかが問題である。遺言書又は封書に署名していないと，遺言の有効性を主張する者が，保佐人が同意したことを立証することが困難となる。また，保佐人が買収され，事実に反した陳述をするおそれがなくはない。すなわち，第三者の同意を遺贈の効力要件とするのは，相続争いを招きかねないと考えられる。⑤日本民法では，被後見人（9条），被保佐人（13条），被補助人（17条）はいずれも制限行為能力者であり，遺言能力を有する（962条）。その中でも，被保佐人が遺産分割，相続放棄（13条1項6号），遺贈の放棄，負担付遺贈の承認（7号）をするには保佐人の同意を要するとしか定められていない。したがって，台湾においても，被保佐人に遺贈能力を認めるべきである。遺贈の効力を争うには，無意識又は事理弁識能力を欠いた状態で作成された（75条）ことを立証すればよい。

2　遺言が無効となるのをおそれる（遺言方式をめぐって）

遺言者は聴覚，音声，言語障害により陳述又は口授し得ない場合は，公正証書，秘密証書，代筆証書，特別方式遺言をすることができない。2016年の民法改正案では，それらの者の遺言を作成する権利を保障するために，通訳者の通訳により遺言をすることができると定められた（草案1189条4項）。また，公正証書，代筆証書遺言における遺言者の「口述」を「陳述」に改め，陳述の方法として言葉又は書面が挙げられた（6項）。これによって，言語障

害者や高齢者が遺言を有効的に作成できるようになる。さらに，以下のこと
を検討する。

⑴　自筆証書遺言の全文自書要件

　改正案はデジタル化に応じ，自筆証書遺言を除き，その他の遺言のコン
ピューターなどによる作成を認めた（草案1189条3項）。自筆証書遺言を除外
するのは，その作成に証人が携わっていないことを考慮したためであろ
う[13]。それを受け，証人制度を追加し，コンピューターによる自筆証書遺
言の作成を許すべきだと提案する者がいる[14]。しかし，それは遺言者の負
担となり，遺言の秘密性を害するのみならず，自筆証書遺言とその他の遺言
との区別を曖昧化し[15]，混乱を招きかねず，得策ではないと思う。高齢社
会に対応し，遺言者の真意を確保するためには，日本民法968条2項を参照
し，添付される相続財産の目録はコンピューターで作れるようにすることを
提案したい。それによって，遺言者の負担が軽減されるだろう。

⑵　代筆証書遺言の廃止論をめぐって

　民法1194条によると，「代筆証書によって遺言をするには，遺言者が証人
を3人以上指定し，遺言の趣旨を口授する。証人の中の1人が遺言者の口述
を筆記し，これを遺言者及び証人に読み聞かせ，解説する。遺言者がこれを
承認した後，代筆者が日付とその氏名を記入し，遺言者及び証人全員がこれ
に署名する。（略）。」とされている。代筆証書遺言の要件は，公正証書遺言
のそれとほぼ同様であるが，最も異なることは，代筆者は公証人ではない点
である。1930年に代筆証書遺言を制定したのは，当時の識字率が低く，また，
国土が広いわりに，行政設備が不備であると考えたためである。しかし，時
代が変わった現在では，その廃止論[16]が後を絶たない。代筆証書遺言の無
効判断率はその他の遺言よりも9.6％高い[17]。なぜなら，関係者（弁護士，地
政士さえ）が遺言を作成する際に，要件の欠如に気付かなかったためである。
そこで，遺言自由を保護する立場から，同制度を廃止すべきだと主張する者
もいる[18]。

　文字が書けると自筆証書遺言ができ，公証制度が完備すると公正証書遺言
ができるため，確かに代筆証書遺言の存在意義が問い直され得る。しかし，

筆者は以下の理由に基づき，代筆証書遺言の廃止について保留したい。①内部問題として，無効判断率が他より高いというのは，相対的な概念にすぎない。それによって，多数の代筆証書遺言が有効である可能性を排除できず，また，その需要を否定することもできない。例えば，海外に住む台湾人は，必ずしも公証人の協力の下で遺言をすることができるとは限らない[19]。まして，遺言が無効だと判断されても，場合によって受贈者は代筆者に対し損害賠償を請求することができると解される[20]。すなわち，救済の道が残っている。したがって，遺言自由の立場からは，むしろ遺言者に選択の自由を与える方がよいと考える。もっとも，代筆証書遺言の有効性を高め，代筆者が遺言の無効により多額の賠償金の支払を余儀なくされることを避けるために，法律専門家向けの研修制度が必要だろう。②外部問題として，現実上，公正証書遺言制度は完備しているとはいえない。公証人から次のような指摘がされている。すなわち，公正証書遺言の作成手数料は高くないのに，一旦受理すると，遺言書を保管することの煩わしさやストレスを甘受しなければならない。また，遺言者が死亡した後，相続人が遺言の効力を争うと，裁判所に出向かなければならない。それに鑑み，条件付きで請求を受理する傾向が見られる。すなわち，遺言者に対し精神鑑定を受けるよう求め，専門医の交付した診断書を提出しなければ，請求を受理しないのである。こうして診断書により，遺言者が遺言をするに当たって意思能力を有することが確認され，将来，遺言の効力が争われる場合は，これを証拠として提出することができると考えられるわけである。しかしながら，この要求はしばしば請求者との間でトラブルになるという[21]。専門医が見つからない，又はコストを考慮すると，他の種類の遺言（おそらく代筆証書遺言）に切り替えるか，遺言を作成することを諦めることも十分あり得る。そこで，代筆証書遺言制度を廃止しようとすると，まず公正証書遺言制度を整備しなければならない。公正証書遺言を容易に利用できるようにすることによって，はじめて遺言者の遺言方式に関する選択の自由が保証されるといえよう。

(3)　**特別方式遺言における証人の問題**

　死亡の危急に迫り又はその他特殊な状況において，普通方式遺言をするこ

とができないときは，特別方式遺言をすることができる（1195条）。とはいえ，地震によって瓦礫に埋められ，又はハイジャックに遭遇する場合は，証人の指定が困難となる。それに鑑み，改正案は遺言を作成する権利を保障するために，録音（画）口授遺言に関し，天災又はその他避けられない事変に限り，例外的に証人のないことを許した（草案1195条2号ただし書）。

3　希望する財産分配をすることができないことをおそれる

「遺言者は，遺留分の規定に違反しない範囲内において，遺言をもって遺産を自由に処分することができる（民法1187条）。」「遺留分は，1173条により算定した相続財産から，債務を控除した額をもって算定する（1224条）。」「遺留分を得べき者は，被相続人のした遺贈により，その得るべき額が足りない場合は，遺贈物に対し減殺権を行使することができる（1225条）。」とされる。なお，相続分の指定，遺産分割方法の指定に関しても，1225条の類推適用が実務学説において認められている。すなわち，我が国では，遺言による財産処分のみが遺留分の制限にかかり，生前処分（特別受益を含む。）なら遺留分侵害の問題がなく，それに対し減殺権を行使することができないと解される。もっとも，改正案は特別受益及び遺留分に対し，修正を加えた。

(1)　特別受益について

民法1173条は，婚姻，別居，若しくは営業のため贈与を受けた相続人の特別受益の持戻しについて規定し，共同相続人の間の公平を図ろうとしている。ところが，実務では，持戻しを主張する者が極めて少ない[22]。主張するとしても，挙証責任を果たしていないことを理由に，認められないことが多い[23]。なぜなら，遥か昔の贈与の場合には，贈与の客観的事実があることを証明するのが難しい。また，台中地方法院2019年度家継訴字32号判決で指摘されたように，社会的営みが多元的かつ頻繁に行われている中での贈与は，それぞれ動機や原因が異なり，愛情，感謝，節税，あるいは財産承継の目的から贈与されるのもあり得る。それゆえ，婚姻，別居，若しくは営業のため贈与したことを証明するのは，ますます難しい。結局，現実的には特別受益の持戻しが例外となり，持戻しすべきだと被相続人が明示した場合，はじめ

て持戻しが働くこととなっている。

　一方，改正案では，特別受益の原因を婚姻，別居，営業に限らせる現行法は公平とはいえず，また，贈与は生前処分であり，被相続人の意思を尊重すべきだということを理由に，持戻ししない原則が採られた（草案1173条１項）。もっとも，被相続人が書面によって持戻しすべきだと意思表示をした場合は，相続財産の価額にその贈与の価額が加えられることとなる。立法者は，他の相続人の遺留分を保障するために，受贈者は遺留分侵害部分を返還しなければならないという条項を追加した（４項）。

　被相続人が書面によって持戻しすべきだと表示した場合に限り，持戻しが働くという改正案は，現状に相応しいし，書面があれば挙証問題も解決される。贈与の原因を問わず，持戻しするかどうかをすべて被相続人に任せるのは，所有者の意思を尊重する意図の表れである。また，実務学説によると，贈与は遺留分減殺の対象ではなく[24]，贈与の価額が相続分を超えた場合でも，受贈者はその超過部分を返還しなくてよい[25]と考えられる。改正案はこの「遺言による財産処分のみ遺留分減殺が適用される」という原則を維持しつつ，他の相続人の権利保護を図るよう，遺留分侵害部分返還請求権を新設した。本請求権は債権的請求権だと考えられ，形成権で物権的効果を生じる遺留分減殺権に比べると，被相続人が望む財産の帰属状況が維持される。なお，本請求権が発生するのは，被相続人が持戻しすべきだと表示したためであり，要するに，被相続人の意思を尊重するという権利行使の正当性が背後にある。したがって，筆者は改正案の内容を支持したい。ただ，「持戻しすべきだという意思表示は贈与をする際にしなければならない」という点については，支持しかねる。被相続人（とりわけ高齢者）の意思を尊重するという原則を貫くには，やはり「いつでも表示できる」と改めるべきである。その中でも遺言書による持戻しの意思表示を認め，全般的な財産分配を可能にさせるのがベストだと考える。

　⑵　遺留分について

　改正案は，現代民法は個人財産に対する自主性を尊重するという立法趨勢に進んでいるため，遺産分配についても被相続人の意思を主にすべきだとし

て，法定相続人の遺留分を減少させた。すなわち，配偶者，直系卑属，父母の遺留分をその相続分の1／2から1／3，兄弟姉妹，祖父母の遺留分をその相続分の1／3から1／4に減少させた。

それに対し筆者は，民法1223条の遺留分比例に関する規定は現在，改正に適しないと考える。なぜなら，遺留分は，相続人の生存を保障し，遺産の維持・増加に対する相続人の貢献を評価するほか，相続人の間に公平を保つ役割がある。とりわけ現在の台湾でも，生前処分によって男系子孫に財産を与える現象が残っている[26]。それに加え，遺言による財産処分の受益者の中にも男性が多い[27]。もし改正案のように，特別受益について持戻ししない原則が採られ，さらに遺留分をも減少させると，贈与を受けていない若しくは受けたものが少ない相続人にとっては，あまりにも過酷である。こうして，女性が永遠に経済的弱者として男性に頼るしかなくなり，台湾における男女不平等の現象が深刻化していくことが予想される。

では，兄弟姉妹の遺留分を削除すべきなのか。結婚しない・子どもを産まないという現代社会では，兄弟姉妹が相続人になる確率が高まる。遺言によって兄弟姉妹の相続権を排除しようとするのは，親の遺産紛争からの延長線である可能性があり，いわゆる被相続人の遺産の多くは，親からもらったものであるかもしれない。したがって，この中で行われる遺留分減殺請求は，親がした不公平な財産分配に対し不満を表し，男女平等を争う意味を有する。また，遺産酌給（後述）の請求権者を非相続人に制限し，寄与分制度がなく相続人の貢献を積極的に評価しようもない台湾法においては，兄弟姉妹の遺留分を削除することに賛成しかねる。配偶者が減殺請求の相手方となることを危惧する者もいる。しかし，配偶者の生活を保障するには，生存配偶者の居住権を定めること，遺留分減殺の効力を債権的効果にすることなどを考えることが，より適正であろう。そのため，全般的な検討がなされていない中，現行法を改めようとすることは，軽率だと思う。

以上をまとめると，遺留分制度は現在でもその存在意義を有することは否定できない。高齢者が思ったように遺産を分配できない，生存配偶者を保護できないと心配するなら，あらかじめ生前処分，信託又は保険を検討するこ

とをすすめたい。

　4　生前において世話を受けたい
　5　死後において葬祭を全うしてほしい
　6　死後において特定者の世話をしてほしい
　7　死後において特定者に財産を与えたい

　ニーズ4の下では，遺言者は負担付贈与をするかもしれない。ここで問題となるのは，受贈者が義務を履行しない場合，被相続人又はその相続人は贈与を取り消せるかということであるが，本稿の射程外の課題であろう。ニーズ5，例えば，子のいない独身者は，財産を第三者に遺贈すると同時に，葬祭のことを依頼する。ニーズ6，例えば離婚後，親権者たる夫は，自分が死亡した後，子の財産が前妻（保護教育の義務を果たしていないかもしれない）に支配されることを防ぐために，財産（その使用権かもしれない）を自分の兄弟に遺贈すると同時に，子の扶養・世話を依頼する。ニーズ7，例えば，甲が500万元の価値のある家屋を乙に遺贈し，その代わりに，乙に対し，現金100万元を丙に与えるよう求める[28]。ニーズ5，6，7の下で行われるのは負担付遺贈である。ここで問題となるのは，受贈者が義務を履行しない場合，相続人又は遺言執行者は遺贈を取り消せるかということである。

　学説は以下のとおりである。遺言者が負担付遺贈をしたことには，義務を履行しないと遺贈物を交付しないという思いが込められていると推知することができる。受贈者が義務を履行しない場合，相続人，遺言執行者ないし受益者は受贈者に対し，履行を請求したり強制したりすることができるとはいえ，あらゆる義務の履行を強制できるとは限らない。このとき，相続人，遺言執行者に遺贈を取り消させることは，より遺言者の意思に合致すると考えられる[29]。したがって，「負担付贈与について，贈与者が既に給付したが，受贈者がその義務を履行しない場合は，贈与者は受贈者に対し，義務の履行を請求する，又は贈与を取り消すことができる。」という民法412条1項の類推適用が主張される[30]。

　以下では，義務の履行を強制できるものとできないものを区別し，分析を

試みる。①強制執行できる負担とは，例えば財産的給付である。ニーズ 6 における「扶養」は，実は財産的給付に注目するものであり，ニーズ 7 との違いは，せいぜい定期的給付か一括払いかというところにある。強制執行できる負担の場合は，相続人などはこれを取り消せないと解すべきである。なぜなら，遺贈が取り消されると，それに付いた負担がなくなり，遺贈物が遺産となり（1208条），相続人は義務を履行しなくて済むこととなる。その結果，受益者の履行請求権が空洞化される一方，相続人が不当に利益を得られ，遺言者の意思が実現できなくなるためである。②強制執行できない負担とは，労務の提供や人身の自由に関わるものである。ニーズ 5 の「葬祭」及びニーズ 6 の「世話」について，遺言者が着目したのは当該受遺者の持つ特質なのであり，要するに，他の相続人による義務の履行は必ずしもその期待に沿うとは限らない。したがって，受贈者が義務を履行しない場合，相続人などはこれを取り消せると解すべきである。遺贈が取り消されると，義務も消滅し，相続人は負担のない遺贈物を取得することとなる。けだし，葬祭をするかどうかは単なる倫理・道義上の責務であり，これを人に押し付けることができるわけではない。また，世話ということは，そもそも後見制度において処理すべき問題である。ところで，負担付遺贈は遺言信託と何が異なるのか，負担付遺贈によりできないが遺言信託によりできることは何なのか，今後の研究の課題としたい。

8　遺言が執行されないのをおそれる

　遺言者は遺言を作成したとはいえ，遺言書保管制度が整っていないと，遺言書が紛失し，改ざんされるおそれがある。また，遺言執行制度が整っていないと，遺言が有効であっても，確実に執行されないおそれがある。そのため，遺言書の保管及び執行は，遺言制度の中核であるといっても過言ではない。

(1)　遺言書の保管

　公証法によると，公正証書の原本などは，公証役場又は事務所において保存される（18条 1 項）。公証人は，公正証書遺言を作成した日から10日間以内

に，その謄本を作り，全国公証人連合会に送付し，連合会によってそれが保存される（98条2項）。請求者が死亡した場合，その承継人又は遺言について法的利害関係がある者は，連合会に対し，遺言書の有無を確認し，且つ閲覧を請求することができる（3項）。前2項の規定は，その他公証・認証のある遺言について準用する（4項）とされる。以上のように，公証・認証のある遺言については，遺言書保管制度があるといえる。すなわち，裁判所公証人が携わったものの原本は，当該公証人が属する裁判所の公証役場にて保存されるが，民間公証人が携わったものの原本は，当該公証人がその事務所にて保管する。それと同時に，連合会において謄本が保存されており，その目的は，相続人などによる遺言書の閲覧を可能にし，遺言の執行に資することにあると考えられる。

　また，公証文書簿冊保存及び廃棄規則によると，民間公証人は文書簿冊に対し保管義務を有し（5条），マイクロフィルム，電子，又は他の科学技術を用い，それを管理・保存することができる（6条1項）。電子データなどにより保存された記録は，所属裁判所又は民間公証人によって確認された場合，元の文書簿冊とみなされる（2項）。なお，遺言書の公正証書の原本は，永久保存を要する（10条1項）。公正証書の原本の一部又は全部が滅失した場合，公証人は直ちに所属裁判所の長官に報告し，かつ長官が指示した6か月以上の期間内において，公証法88条に基づき謄本を作成し認証を受け，原本に代わってそれを保存しなければならない（12条）とされる。すなわち，公正証書遺言の原本は永久保存を要するが，電子保存によって紙保管を代替することができる。また，原本が滅失した場合であっても，遺言者が正本，連合会が謄本をそれぞれ保持しているため，公証人は謄本を作成し，原本を代替することができる。こうした電子保存の利便性及び永久性（滅失し難い）からみると，遺言書を保管することは困難であり，公証人の負担となる[31]という問題はないようにみえる。

　そこで，公証人が指摘した遺言書保管の煩わしさは一体何なのか，それを掘り下げる必要がある。たとえ遺言書保管はそれほど煩わしくないとしても，遺言書の原本を機関に一括保管させることによって，公証人の負担を完全に

減らすことも，考える余地があるだろう。さらに，遺言方式を問わず，すべての遺言書を統一した機関に保管させることにするのは，数通の遺言書が次から次と出てきて紛争を長期化させることを防ぐことに資すると思われる。他方，遺言書の原本，正本，謄本はどこが違うのか，その中でも原本のみ遺言の効力を有するのかという点も，考える必要がある。仮に原本は保管機関によって保管され，かつデジタル化し全国的データベースに保存されれば，もはや謄本を作成する必要がなくなるのではないのか。なお，遺産の精算・分配が迅速かつ確実に執行されるには，通知システムの構築が望ましい。すなわち，戸籍機関が遺言者の死亡を速やかに保管機関に通知し，保管機関もまた相続の開始及び遺言書の存在を相続人や遺言執行者に通知するようにすべきである。もちろん，遺言書を機関に保管させるか，遺言書の存在を誰に通知するかは，遺言者が決定するものである。とりあえず，遺言書保管制度を整えることは，我が国にとって重要な課題である。それを検討する際に，日本法の経験が参考になろう。

(2)　**遺言の執行**

以下では，遺言の効力及び遺言執行者の責務を論じる。

ア　遺言の効力

遺言による財産処分の類型を，遺贈，相続分の指定，遺産分割方法の指定に分けることができる。我が民法では，形式主義が採られ，不動産は登記（758条），動産は引渡し（761条）を経ることによって，はじめて物権変動の効力を生じる。それを受け，多数説は，遺贈は債権的効果のみを有し，受贈者はそれに基づき，相続人などに対し遺贈物を交付するよう請求することができると考えられる。他方，相続分の指定は執行を要しない。問題となるのは，遺産分割方法の指定である。具体的にいえば，遺言による財産処分の目的物が不動産である場合に，受益相続人は直ちに遺言書を持参し，単独所有者として所有権移転登記を申請することができるのかという問題である。それに関し，学説は債権的効果説を採り，遺産分割前，遺産は共同相続人に合有されている（1151条を参照）ため[32]，所有権を移転するには他の相続人の同意を要すると解される。それに対し，実務はかつては物権的効果説を採り[33]，

　遺言は遺言者の死亡の時から発効し，遺言たる遺産分割方法の指定は，その時点から既に遺産分割の効力を生じているため，1151条が適用されず，受益相続人はその所有権に基づき，単独で移転登記を申請することができると解されていた。もっとも近時，最高法院は2015年度台上字521号判決や2022年度台上字521号判決をもって，債権的効果説を採用する姿勢を明らかに示した。

　学者のいうとおりに，所有権絶対の原則の下では，所有者が生前においてその財産を処分するにさえ，登記又は引渡しを経て，はじめて効力を生じる。それに照らし，遺言自由の原則の下でも，所有者が遺言によって遺産を処分する場合も，同じく解するべきである[34]。筆者も，相続受益債権説を支持したい。なぜなら，受贈者が相続人かどうかを区別し，遺贈なら債権説，相続受益なら物権説を採用するというように，相続人を優遇する理屈があるとは見出せない。さらに，物権説の問題点といえば，行政機関にとって遺言書の真偽やその有効性を判断することが困難であり，遺言が後に無効だと判断される場合は，複雑な問題になるという点が指摘される[35]。なお，仮に遺産分割方法の指定が物権的効果を有するとすると，被相続人が死亡すると，当該指定遺産が指定された相続人の単独所有となり，これは遺産に関する1回目の分割となる。そして，その他の遺産は共同相続人の合有に属するため，2回目の分割が必ず行われることとなる。それは，遺産を一体的・全体的に分割する（遺産に関する合有関係を一括に消滅させる）という遺産分割の立法目的に反するものである[36]。

　債権説の下では，他の相続人が不動産の移転登記や動産の引渡しに協力しない場合，遺言執行者が存在するときは，それに作為を求めることができる（1215条）が[37]，存在しないときは，裁判所に対しその選任を申し立てることができる（草案1211条）[38]。これは，遺言執行者を規定する本来の目的でもある。そのほかに，受益相続人は，遺言の履行を求めるよう訴えを提起し，勝訴判決が確定すると，強制執行を申し立てることができる。こうして現行制度の下では，受益相続人が十分に保護されているといえよう[39]。

　イ　遺言執行者の責務

　民法1149条は，被相続人から扶養を受け続けた者は，親族会議によって，その扶養を受けた程度又はその他の関係により，遺産を斟酌・給付されると規定される。それに対し改正案は，当該者は（遺言によって指定された）遺言執行者[40]に対し，遺産を酌給することを請求することができる（草案1149条1項）と改められた。また，改正案によると，執行者は職務を執行する際に，故意又は重過失によって被相続人の債権者又は受贈者に損害を加えた場合は，賠償責任を負う（草案1217条の1により，草案1181条の2の遺産管理人に関する規定を準用。なお，報酬を受ける者は善管注意義務を負うとされる。）。

　遺産酌給は死後扶養の性質を持つものであり，遺贈より優先され弁償を受けるべきだと考えられている[41]。もっとも，遺産酌給請求権者に対し，法定債務を負うのは相続人なのであり，被相続人が遺言書を用いて執行者を指定したかどうかを問わず，酌給請求の相手方は執行者でなく，相続人とすべきである（【表2】を参照されたい。）[42]。筆者は，遺言執行者による遺産の酌給は，複数の意見が一致せず，協議し難いという共同相続に生じやすい問題を回避し，遺贈物の交付を速やかにすることに資すると，十分に理解している。しかし，請求権者は，たとえ相続人と協議できない又は協議が成立しない場合であっても，裁判所に対し酌給額を定めるよう請求することができる（草案1149条2項）とされる。すなわち，救済措置が講じられている。また，遺言執行者が法律専門家であるとは限らず[43]，また法律専門家であっても，請求者が「生活を維持できず，かつ生計能力を持たない」という判断ができるとは限らない。それに，酌給額に上限があるかどうかをめぐって学説の見解が分かれている中，執行者に正確な判断を下すことを期待しかねる。したがって，いわば「遺贈物の交付を速やかにすること」は，かえって紛争を惹起しかねない。まして，執行者の職務は遺言を執行することである。被相続人がその扶養していた者に対し遺贈をしておらず，執行者に対し遺産酌給の権限も与えていない場合には，執行者には遺産酌給をする権限がないことはいうまでもない。一歩引いて考えると，たとえ遺言者の授権がなくても執行者は遺産酌給をすることができると認めるならば，裁判所によって選任された執行者にも，その権限を与えるべきである。さもないと，衡平を欠くこと

となる。

　一方，遺言執行者の注意義務及び賠償責任について，改正案は無報酬を考え，その責任を重過失責任に軽減した。遺言の執行によってもたらされる損害は往々にして多大であり，自己の財産に対するのと同一の注意義務を執行者に負わせると，執行者になってくれないと危惧する立法者の様子が窺われる。しかし，遺言者がある人を執行者に指定するのは，その人の特質や専門性に注目してのことであり，また，遺言が発効した後，その人は就職を拒絶したわけでもないため，自己の財産に対するのと同一の注意義務を負わせる方が妥当であると考える（535条の委任に関する規定を参照）。まして，草案1181条の２第３項を準用すると，執行者は賠償責任を果たした場合に，債権者又は受遺者に対し，その受領した数額の中にその権利に見合わない部分を返還請求することができるとされる。すなわち，執行者を保護する手段が既に用意されているため，それに自己の財産に対するのと同一の注意義務を負わせるのは，過酷とはいえない。なお，遺言者が報酬を定めていない，又は裁判所が執行者を選任したものの報酬を定めていない場合において（むしろこの状況が普遍的である。），執行者は損害を加えた後，報酬を請求しないことを重過失責任に引き換えることが可能となる。

　以上で検討したように，改正案の妥当性が疑わしい[44]。したがって，遺言執行者の権利義務を明確にすることは，台湾における遺言制度に残された重大な課題の一つである。

Ⅲ　結論

　台湾における遺言制度の問題点をまとめると，成年被後見人の遺言能力及

【表２】遺産酌給の決定者

類型			酌給決定者		筆者の疑問
			現行法	改正案	
相続人がいる	執行者指定あり	①	親族会議	遺言執行者	なぜ相続人の酌給権が奪われた？
	執行者指定なし	②		相続人	疑問なし
相続人の不存在	執行者指定あり	③		遺言執行者	なぜ管理人の酌給権が奪われた？
	執行者指定なし	④		遺産管理人	疑問なし

び被保佐人の遺贈能力を奪うこと，自筆証書遺言の要件が厳しいこと，条件付きで公正証書遺言の作成請求を受理することは，高齢者に不親切である。また，遺言書保管制度が整っていないことに加え，遺言執行者の責務は必ずしも明確ではないため，遺言が有効だと判断されても，確実に執行されないおそれがある。遺言制度の良し悪しは，所有者の自由な処分権が実現されるかどうかに深く関わっている。我が国における遺言制度は，全面的な見直しを要する。

【注】

1）司法院ホームページ：https://www.judicial.gov.tw/tw/np-1260-1.html（閲覧日：2023年3月31日）。

2）内政部戸政司ホームページ：https://www.ris.gov.tw/app/portal/346（閲覧日：2023年3月31日）によると，2021年の全人口は2,337.5万人，その中で65歳以上の者は393.9万人である。

3）国家発展委員会編『中華民国人口推估（2022年至2070年）』（国家発展委員会，2022年）2頁。

4）社会変遷と遺言制度の関係について，黄詩淳「従裁判看資産伝承与遺族照顧」月旦民商法雑誌70号（2020年）147～154頁を参考されたい。

5）台湾民法では，「監護」は日本法の後見，「輔助」は保佐と類似する。しかし，被監護人は行為無能力者であり，それがした法律行為は全て無効となる。また，被輔助人が重要な法律行為をするには，輔助人の同意を要する。さもないと，単独行為は無効となり，契約行為は輔助人の承認によって効力を生じる。こうして両国の法律は根本的に異なるが，本稿では，「監護」と「輔助」の代わりに，読者にとって分かりやすい「後見」と「保佐」を使うことにすることを，あらかじめ断りたい。

6）史尚寛『継承法論』（自費出版，1966年）374頁。

7）戴炎輝＝戴東雄＝戴瑀如『継承法』（元照，2021年）241頁は，この立法方向を支持する。陳棋炎＝黄宗楽＝郭振恭『民法継承新論〔9版〕』（三民書局，2014年）253頁は，研究の余地があるという。

8）検討方向は2つある。①障害者権利条約に従い，成年被後見人を制限行為能力者に改める。②遺言行為を非純粋なる身分行為としつつ，意思能力があればこれをすることができると解する。

9）さらに，認知症などによって障害者手帳を持つ者は，保佐開始の審判を受けておらず，かつ意識が明瞭であり，即座に回答できる状況にあるにもかかわらず，公証人はその遺言に関する公証・認証の請求を受理してはならないという結論も導かれた。

10）陳（棋）ほか・前掲注7）252頁。

11）筆者は司法院法学資料検索システム（https://lawsearch.judicial.gov.tw/）を利用し，

「遺嘱」を裁判事由，「輔助&宣告」を理由において検索し，関連判決を44件集めたが，その中でも，被保佐人の遺贈能力に言及したものは，この１件のみである（閲覧日：2023年３月20日）。司法院ホームページ：https://www.judicial.gov.tw/tw/np-2216-1.html（閲覧日：2022年10月13日）によると，2021年に保佐開始の審判を受けた者は934名である。これによって，2009年制度施行以来，保佐開始の審判を受けた者の数は約１万名，その中に遺言を作成し，かつ死亡した者が極めて少ないことを推測することができる。もっとも，これをもって被保佐人の遺贈能力に関する問題が重要ではないとは断言できない。

12）司法院ホームページ・前掲注11）によると，2021年に裁判所によって選任された保佐人の中に，被保佐人の配偶者あるいは親族に当たる者が94.9％を占める。保佐人は被保佐人の相続人であることが少なくないと想像できる。

13）趙之敏「遺嘱方式之研究—兼評106年継承法修正草案」公証法学17号（2021年）34頁も同旨。

14）楊芳婉『我国現行遺嘱制度之研究修正』（法務部（研究委託），2007年）20，65頁。

15）遺言者が自らコンピューターによって遺言を作成することができるのであれば，秘密証書遺言をすればよい。すなわち，遺言方式をこれ以上増加する必要があるのか，その要件を他の遺言方式のそれと如何にバランスをとるのか。また，追加すると，かえって当事者に選択困難にさせるのではないかなど，多くの問題が生じる。

16）林秀雄「代筆遺嘱方式中所謂『遺嘱人口述遺嘱意旨』之意義—簡評最高法院97年度台抗字第645号裁定」台湾法学雑誌131号（2009年）193頁。

17）陳昱廷『渉訟遺嘱研究：量化実証，比較法與機器学習』国立台湾大学法律学院法律学研究所修士論文（2022年）128頁。また，54頁によると，無効原因の多い順は，「遺言者は遺言の趣旨を口述していない（44％）」，「証人は全過程においてその場にいるのではない（34.5％）」，「証人は遺言者によって指定されるのではない（16.7％）」となる。

18）陳（昱）・前掲注17）218頁。

19）楊・前掲注14）29，64頁では，代筆証書遺言を保留すべき理由として，この例を挙げている。ただし，証人制度を加え，自筆証書遺言をコンピューターによって作れるように開放すると，代筆証書遺言を削除してもよいとも主張する。

20）陳聡富「遺嘱無効之侵権責任」月旦民商法雑誌58号（2017年）148頁以下によると，遺言が弁護士など専門家の不注意により無効とされる場合は，職務を執行する際に，重大過失により第三者に経済的損害を加えたことに該当する。そのため，受贈者は民法184条１後段の「善良の風俗に違反し人に損害を加えた」という規定に基づき，加害者に対し損害賠償を請求することができるという。

21）筆者は，2022年10月22日に開催された台湾家事法学会秋季シンポジウムにおいて，本稿を仮報告する際に，趙之敏公証人から指摘を受けた。また，黄（詩）・前掲注４）150頁でも，ある公証人の話によると，公証の手数料が認証より高いが，認証をする方が好まれる。その原因として，訴訟沙汰になると，裁判所に出向く必要があることが挙げられる。なお，【表１】をみると，遺言の認証はまさに公証より多い。

22）筆者は，2016年から2020年までの遺産分割に関する地方裁判所民事裁判書を集め，有用な事件を6,359件得た。その中で，持戻しが主張されたものは僅か170件（2.7％）である。さらに，その中から持戻しと実は関係ない又は重複する事件を取り除くと，98件しか残らない。詳細は，拙著「従性別平等観点検視我国民法継承編修正草案」台

大法学論叢51巻 4 号（2022年）1615頁以下。

23）当事者が自認するものを除き，裁判所が認めた持戻しの主張は 5 年間で僅か 6 つの
　　みである。

24）史・前掲注 6 ）577頁，戴ほか・前掲注 7 ）300頁，陳（棋）ほか・前掲注 7 ）406頁，
　　司法院1932年院字第743号解釈など。

25）史・前掲注 6 ）226頁，戴ほか・前掲注 7 ）192頁，陳（棋）ほか・前掲注 7 ）158頁，
　　最高法院2001年度台上字第2460号判決など。

26）被相続人は贈与によってその財産を移転する場合に，その受贈者の 6 割は男性であ
　　る（2020年）。その中でも，不動産を受贈することが少なくなく，かつ，その土地帰
　　属面積及び公示価格総額は，女性のそれより 3 倍高い（2018年）。詳細は，拙著・前
　　掲注22）1612頁以下を参照されたい。

27）全国登記済み土地に関する所有権移転登記の原因によると，遺贈を受ける者の中で
　　は，女性は32.5％を占めるが，遺言によって相続する者の中では，女性は35.0％を占
　　める。すなわち，遺言による財産処分の受益者の多くは男性である。詳細は，拙著・
　　前掲注22）1627頁を参照されたい。

28）林秀雄『継承法講義〔 8 版〕』（元照，2019年）315頁で挙げられる例である。

29）林・前掲注28）319頁以下。

30）陳（棋）ほか・前掲注 7 ）372頁，林・前掲注28）320頁など。

31）負担といえば，公証人は謄本を作り，連合会に送付することをしない場合は，懲戒
　　に付する（公証法54条 1 項）というのは，それに当てはまるだろう。

32）史・前掲注 6 ）203頁，林秀雄「遺嘱指定遺産分割之方法」月旦法学雑誌58号（2000
　　年）21頁，林秀雄「遺嘱指定遺産分割之効力」月旦法学教室206号（2019年）16頁。

33）内政部地政司2004年11月19日内授中辦地字第0930016064号函，最高法院2008年度台
　　上字第2217号判決など。

34）林・前掲注32）「遺嘱指定遺産分割之効力」17頁、林秀雄「特留分扣減権之消滅期間
　　及其起算点――最高法院111年度台上字第521号判決評析」月旦法学雑誌328号（2022
　　年）175頁。

35）黄詩淳「遺産分割方法之指定的法律効力：最高法院97年度台上字第2217号民事判
　　決」月旦裁判時報12号（2011年）34頁、黄詩淳「以遺嘱辦理股票過戸之相関問題与建
　　議」台湾法律人11号（2022年）126頁。

36）林・前掲注34）175頁、黄（詩）・前掲注35）「遺産分割方法之指定」34頁。

37）ただ，黄（詩）・前掲注35）133頁によると，訴訟にかけられた遺言書の中で，その
　　約 1 / 3 が裁判所により無効と判断された。要するに，遺言者による遺言執行者の指
　　定は，必ずしも信頼できるとは限らないと指摘される。

38）家事事件法141条により146条を準用すると，裁判所は遺言執行者を選任する際に，
　　利害関係者の意見を聞かなければならない。それをきっかけに，他の相続人が反訴を
　　提起し，遺言の無効を確認するよう求めることが起こりうる。

39）ちなみに，遺言による財産処分の目的物が預貯金である場合について，黄（詩）・前
　　掲注35）「問題与建議」129頁によると，その性質は債権譲渡と考えられる。そうする
　　と，遺言者が死亡し，遺言が発効した時に，債権譲渡は既に効力を生じており，受益
　　者が預貯金の払戻しを請求することは，「債権の譲受人が債務者に通知する（297条 1
　　項）」に該当するため，金融機関は遺言の趣旨に基づき，払戻しをすべきである。し
　　たがって，払戻しを請求するに他の相続人の同意を要するという実務の現状は，問題

があるという。

40）黄（詩）・前掲注35）「問題与建議」133頁によると，訴訟にかけられた遺言書の中に，遺言執行者の指定のあるものは，わずか13％にすぎない。

41）史・前掲注6）157頁，戴ほか・前掲注7）119頁，陳（棋）ほか・前掲注7）122頁，林・前掲注28）99頁。

42）現代社会では，親族会議は開き難いなどにより，その役割が果たせない。それに鑑み，改正案は遺産酌給の権限を親族会議から取り上げた。すなわち，相続人がいる場合は相続人に請求するが，いない場合は遺産管理人に請求する。また，被相続人が遺言により遺言執行者を指定した場合は，執行者に請求すると改めた。【表2】を参照されたい。類型①については，なぜ遺言者が一旦執行者を指定すると，相続人の遺産酌給に関する権限が即時奪われるのかを検討する必要がある。筆者はそれに反対であり，詳細は本文のとおりである。類型④については，なぜ遺産管理人が遺産酌給の権限を有するのかを検討する必要がある。相続人存在不明の場合は，類型①②の相続人が存在し，自ら請求者と協議できるという状況とは，そもそも異なる。また，遺産管理人の職務範囲は，遺言執行者のそれ（1214条，1215条1項）より広く，相続債務の弁済ないし遺贈物の交付を含んでいる（1179条）。そのため，遺産酌給という債務への清算をも含むと解するのが可能である。それに加え，管理人は親族会議（1177条）若しくは裁判所（1178条2項）により選任されるのであり，その際に，親族会議か裁判所が管理人に遺産酌給の権限を授与したと，解釈か擬制する余地がある。したがって，管理人に遺産酌給の権限を賦与するのは，その理由がある。そうすると，類型③については，なぜ遺言者が一旦執行者を指定すると，管理人より執行者を優先し，遺産酌給の権限を執行者が握ることとなるのかは，疑問がある。とりあえず，相続人がいる場合は相続人が請求者と協議するが，いない場合は管理人が請求者と協議するよう，統一した方が明快であろう。

43）陳（昱）・前掲注17）107頁によると，遺言者はその相続人を遺言執行者に指定することが多い（49％）。その次は，地政士（司法書士に相当），受贈者本人，弁護士である（それぞれ9％を占める）。

44）前掲注21のシンポジウムでは，遺言執行者は善管注意義務を負うことが，既に家事事件法より規定されている（141条より151条を準用）と，林秀雄教授が指摘した。

（Ching Yu Hwang／輔仁大学法学部准教授）

第2節

台湾における財産管理と 財産承継のための信託の 活用の現状と課題

黄　詩　淳

Ⅰ　はじめに

　台湾の信託法は1996年1月26日に公布・施行され，信託業法は2000年7月19日に公布・施行された。それ以前，台湾の最高法院は個別の判決の中で，信託行為，信託関係の成立や信託契約の効力について論じたことはあったが，主には他人の名義を借りて不動産を登記したことに関する争いを解決するときに信託という概念を用いたため，完備な信託法制とは言い難かった[1]。また，信託に関する税の規定は，2001年6月に諸税法（所得税法，遺産及び贈与税法，土地税法等）の改正によって新設された。

　信託法の成立後，現在までに改正は2009年の一回のみであった。それは民法の成年後見の改正に合わせ，「禁治産」の規定を後見に直すのみであり，信託の実質の変更に関わるものではなかった。その後，2021年に公益信託制度の濫用を防ぐための改正案[2]が行政院によって立法院に送付されたが，まだ審議されていない。

　このように，台湾の信託法は30年にも満たない歴史の浅いものである。信託という制度は一般の市民にはあまり馴染まず，商事信託を中心に発展してきたが，2025年に到来するとされる超高齢社会に備えるため，信託業の所轄機関である金融監督委員会は，信託の機能を高く評価し，2020年から一連の施策によって個人のライフスタイルに適合する信託商品の開発を進めている。本稿では，以下のⅡにおいて信託全体の利用状況を紹介する。Ⅲでは委託者

の生前に設立された財産管理のための信託の状況と問題を説明する。また，委託者の財産承継のための信託は，遺留分制度との整合性が問題となっており，以下のⅣにおいて検討する。

Ⅱ　信託の利用の現状

　台湾の商事信託の規模は，2000年の信託業法の施行以来，徐々に成長している。金融監督管理委員会のデータによれば，2019年に信託財産総額は9.6兆元（約33.8兆円（当時）に相当）で，2000年の規模の20倍になったが，そのうち大部分（8.4兆元）が金銭信託である。これらの信託は，大部分は金融商品に関連するもの（すなわち日本の資産運用型に近いもの）であり，「委託者の個人のニーズを満たすため」のもの（すなわち日本の資産管理型や資産承継型に近いもの）が少ない[3]。台湾は2025年に超高齢社会に入ると予想される[4]。それに備えるため，金融監督管理委員会は2020年に「信託2.0」プロジェクトを展開させ，国民の資産管理，医療介護，生活ないし高齢者住宅の建設等に信託の活用を促そうとする[5]。ちなみに，2019年9月時点で，日本の信託財産総額は1,224兆円である[6]。日本の人口規模が台湾の約6倍であることからすると，台湾の信託（約33.8兆円）は十分に活用されていないことがわかる。また，日本では資産運用型信託の信託財産額は125兆円，資産管理型信託は970兆円で，管理型の方が多い[7]。この状況も台湾とは異なる。

　金融監督管理委員会は，高齢者・障害者のための信託を，超高齢社会に適合する「委託者の個人のニーズを満たすため」の信託として認識し，2015年からその発展を信託業者に勧めてきた。2020年の「信託2.0」プロジェクトでさらなる包括的な措置が採られたため，利用者数の増加がようやく目にみえるようになった。具体的には，2019年に新規の受益者数は13,715人，新規の信託財産は148億元（約522億円（当時））であったのに対して，2022年にそれぞれは39,496人と539億元（約2,374億円（当時））[8]に成長した。すなわち政策的な支持の下で4年のうちどちらも約3倍にも増えた。

　このように資産管理型の信託は確かに大きな進展が見られたものの，他方で資産承継型の信託は芽生えたばかりにすぎないといえる。「信託2.0」プロ

ジェクトの中では，企業経営者の資産承継と企業の運営継続を図るため，家族信託を発展することが目標の一つとして挙げられているが，法制度，特に税制の整備がまず必要であると指摘される。例えば資産承継のための生前又は遺言信託は，いくつかの法律上の難点を克服しなければならないため，まだ信託業者の主力商品とならず，件数等に関するデータも公開されていない。

　以上に述べた商事信託は一応のデータがあるのに対して，民事信託の状況は不明である。税務機関の統計によれば，2018年に信託登記された不動産の価値は，1.9兆元（約7.0兆円（当時）に相当）であった[9]が，それは民事信託の全てではない。例えば，信託財産が動産の場合に，登記しなくてもよいし，受託者が報酬を得ていない場合に税の申告する義務もないため，登記データからも，税務データからも民事信託の全貌を把握することができない。とはいえ，2018年の8兆元であった商事信託と比べて，民事信託は少ないことがわかる。

　以下のⅢとⅣでは台湾の資産管理型と資産承継型の信託のそれぞれの法的構造及びその運用にあたる法的な課題を詳しく述べることとする。

Ⅲ　委託者の生前の財産管理のための信託

1　高齢者・障害者ための信託の特徴

　高齢者・障害者等の生活を支援するための信託は，日本では一般的に福祉型信託と称される。このような信託を用いて，老後や消費者被害に備え，不動産や預貯金を保全・管理し，自分や妻子の生活費を確保することを図る。人それぞれのニーズに応じた対応が必要であること，また，財産管理と身上監護の一体性や財産が小規模であることに鑑み，受託者が信託銀行ではなく，親族であると予想される[10]。そのため，日本では福祉型信託は民事信託のカテゴリーに入ると考えられる。これに対して，既述したように，台湾では「信託2.0」プロジェクトの下で信託銀行が受託者になる商業型の福祉型信託が成長している。このような商事信託の形で商品化される福祉型信託は，「老人・障害者安養信託」という名称が定着化している。この信託は，自益又は他益のいずれの構造をも選ぶことができる。

　筆者は2011年に，「老人・障害者安養信託」の状況を日本語で紹介した。当時，障害者安養信託受託財産の最低額は，300万元（約813万円（当時）に相当）という基準が多かった。しかも，全体の利用件数は不明であった[11]。研究者が信託業者を対象にアンケート調査を実施した結果では，2009年1月1日〜2010年9月30日の21か月間に，老人安養信託を扱っているのは13行のみであった。もっとも実績が多かった銀行でも，契約数は60件以下であった。また，3行では契約数が僅か1件に止まっており，利用者が非常に少なかったことがわかる[12]。これに対して，IIで述べたように，金融監督管理委員会が2020年の「信託2.0」プロジェクトを開始して以来，信託業者は様々な工夫を凝らして，安養信託の普及を促している。件数の成長については既にIIで触れた。さらに，多くの業者は，受託財産の最低額の制限を取り除いた。最初の契約締結費用（設定時信託報酬）は1,000〜5,000元で，毎年の管理信託報酬は0.2〜0.5％であり，かなり低額である[13]。最近では，「予備開設」の安養信託も開発された。すなわち，契約時点で受益者は高齢者でも障害者でもないが，将来の高齢又は障害に備えるため，信託銀行と安養信託の契約を締結し，毎月又は毎年一定の金額を信託の口座に入れる。信託銀行が信託の財産の給付を開始するまで，管理信託報酬は不要である。この商品は人気があり，2020年から2021年末まで，「予備開設」の安養信託の受益者数は14,011人に達した[14]。

2　成年後見制度との関係

(1)　問題の所在

　福祉型信託の受益者は，病気あるいは障害のため，自ら金銭を使って福祉サービスを手配すること，日常生活で買い物などをすることが難しくなる可能性がある。これらの意思決定を支援するため，成年後見制度が存在する。仮に後見人等の支援者が選任されたら，これらの金銭の支払や医療・福祉サービスの利用は支援者が本人に代わって（あるいは本人と共に）行う。その際，福祉型信託と成年後見制度との関係が問題となる。

　自益信託の委託者が，信託成立後，被後見人となる例を想定する。委託者

（兼受益者）Ａが後見開始の前に信頼した信託業者と自益の福祉型信託契約を締結し，老後の財産管理と生活資金を計画しておいた。しかし，Ａはまだ他の財産があって，信託されていないとする。その後，Ａは認知症にかかり，財産管理能力が低下した。裁判所は，Ａの（信託以外の）財産を保全するため，Ａの子であるＢを後見人として選任した。後見人Ｂは本人Ａの法定代理人となり（台湾民法1098条1項），財産行為に関する代理権を有する[15]。台湾の信託法によれば，特約がない限り，自益信託の委託者は，随時信託を終了させることができる（信託法3条[16]，63条1項[17]）。信託法を終了させる権利は，一般的には財産法上の権利と解されているため，後見人Ｂが本人Ａを代理してそれを行使することが許される。

　しかし，Ａが以前に成立させた信託は，財産管理に関するＡの意思・好みが反映されている。後見人Ｂによる信託終了の決定は，被後見人Ａの以前の意思・好みに抵触する可能性があるのみならず，被後見人の利益のために行ったかという保証もない。現在，台湾法において後見人の財産管理行為に対する事前のチェックは，不動産の処分に限られる。すなわち，台湾民法1101条2項は，後見人が本人を代理して不動産を処分することは，裁判所の許可を必要とする[18]が，信託契約の終了は不動産の処分ではないため，裁判所を経る必要がない。さらに，後見人による信託終了は，Ａの他の親族の不満を招きかねず，受託者の事務執行に不安定さをもたらす可能性もある。そこで，福祉型信託の推進についてもっとも力を入れている信託業者は，以下の(2)の方法で，後見人の干渉を防ごうとしている。

(2)　信託業の対処法

　信託業者は信託契約の約定によって，委託者の後見人による契約変更と解約を防止する。自益型の福祉型信託を例としてみてみよう。まず，老人安養信託のモデル約款[19]15条2項は，委託者が被後見人となったら，その後見人は委託者を代理して契約29条に定められた「その他の合意事項」[20]を変更してはならないものの，信託監察人が存在する場合に，後見人は信託監察人の同意を得た上で，信託財産の給付方法・金額・受取口座を変更することができる，としている。要するに，委託者は，将来被後見人となる際に，自ら

の契約変更の権利を事前に放棄することによって，後見人の契約変更の可能性を取り除くのである。あるいは，この権利を留保しながらも，後見人の変更行為の妥当性を信託監察人の審査に付すのである。本来，信託監察人は，受益者が特定されない，現に存しない，あるいは他に受益者の利益を保護する必要があると認められる場合に，裁判所が利害関係人の申立てにより選任する者であるが，委託者が信託においてあらかじめ監察人を指定しておくことも可能である（台湾信託法52条1項）。信託監察人は，自己の名をもって受益者のために裁判上又は裁判外の行為をする権限を有する（同条2項）。

　日本では，受益者の保護や信託事務の監督などを目的として，「信託管理人」，「信託監督人」，「受益者代理人」が選任されることがあり，それぞれ要件や権限が異なる。「信託管理人」は，受益者が不在のケースに選任される者であって，受益者不在の状態である信託の適正な維持・運営を監督する役割がある（信託法123条1項）。これに対して，「信託監督人」と「受益者代理人」は受益者が現に存在する場合で選任される。「信託監督人」は，受益者の代理権を有せず，受益者のために権限を行使する際には，自己の名をもって行うことになる（同法132条1項）。高齢者や未成年者が受益者である場合など，受益者が受託者を監督することが困難であるような場合に選任される者である。他方で，「受益者代理人」は，代理権を有する（同法139条1項）ため，その行為の効果は，受益者本人に直接帰属する。これは，例えば受益者が存在するものの構成員が変わることを理由に受益者が不特定である信託の場合に選任される者である[21]。

　台湾では受益者の保護のための機関は，日本法のように三種類あるわけではなく，唯一の可能性は信託監察人である。信託業者は，信託監察人制度を活用すること，すなわち老人安養信託において信託監察人に同意権を与えることによって，受益者の後見人による無断の信託変更を防止する。さらに，モデル約款は，後見人の無断解約（信託の終止）に対して，信託の変更より一層厳しい制限をかけている。具体的には，老人安養信託のモデル約款17条1項は，委託者が被後見人となったら，その後見人は委託者を代理して契約を終止させてはならない，と定めている。すなわち，委託者兼受益者は，条件

付きで信託の終了権を放棄すると約定したのである。この二つの制限は，障害者安養信託のモデル約款にも同様に見られる。

(3) 裁判例

　では，信託契約において委託者兼受益者が事前に変更権ないし終了権を放棄あるいは信託監察人に付することの効力はどうなるのか。事案が少し異なるが，台湾士林地方法院103（2014）年度重訴字第543号判決は，このような約定は有効であり，委託者兼受益者に拘束力があるという見解を示した。この事案では，Xは六人の息子が存在し，そのうちのAに不動産を贈与したかったが，Aは浪費癖があって，移転するための税金を負担できなかった。そこで，地政士のアドバイスの下で，90歳のXは，Aの配偶者であるYを受託者として，Yとの間に自益信託契約を締結し，Yに当該不動産を移転した。委託者兼受益者Xは，二人の信託監察人を指定し，これらの同意がなければ，信託を終了させてはならないという約定も入れた。Xの他の息子がこの処分に不満を感じたらしく，二年後，Xは他の息子の影響の下で，信託の終了を主張し，信託の受託者であるYに対して訴えを起こした。裁判所は，信託法63条1項の終了権に対する制限又は放棄が有効であると認めるにとどまらず，附論として，「委託者が将来，意思表示能力の低下に備え，（被後見人になった際に）法定代理人が勝手に信託契約を終了させることを防ぐため，事前に信託の終了権を制限又は放棄した場合に，これは正当な目的であり，尊重されるべきである。そう解さなければ，信託という法律行為の安定性と目的を損なうおそれがある」と判示した。

　この判決における信託は上述した信託業者によって販売された「老人・障害者安養信託」ではなく，委託者兼受益者も被後見人になったわけでもないが，終了権の行使に対するチェックの権限を信託監察人に与えるという約束は，拘束力があって，委託者兼受益者が事後に翻意してはならないと認められた。そのため，モデル約款の内容も，特に問題がなく，後見人による信託の干渉を防止することができると考えられる。

Ⅳ　委託者の死後の財産承継のための信託

　台湾の信託の中で財産承継のためにもっとも利用される信託の種類は，遺言信託である。次いで，家業承継のために，株式信託が使われている。ほかにも，非公開会社と信託と組み合わせた枠組みも提唱されているが，その構造は複雑で（図1）利用者数も非常に少ない。

　さらに，遺言代用信託（又は米国法上のrevocable trusts）は信託法においては明文の規定がなく，裁判上の実例もまだ見られない。そのため，以下では遺言信託を焦点に検討する。

1　遺言信託の利用の現状

　受託者が信託銀行等の商事信託において，遺言信託に関するデータが存在しないため，遺言信託がどれくらい利用されるかは不明である。かつて筆者は公証人の協力を得て，2007年〜2020年に作成された3,179件の遺言に関するデータを集めた[22]。そのうち，遺言信託の件数は24件（全体の0.75%）にとどまっている。このことから，遺言信託はそれほど普及していないと推測されるが，最近は代表的な裁判例が現れ，相続法とりわけ遺留分制度との整合性に疑問を投げかけている。

2　遺留分制度との関係[23]

　台湾高等法院台中分院97（2006）年度重家上字第5号判決（とその一審判決）は，遺言信託の内容が遺留分を侵害する場合の問題を取り上げた。これは台湾では遺留分に反する遺言信託の効力をめぐる初めての判決である。同じ遺言者の遺産をめぐって2008年から2020年の12年間にわたって6件の訴訟が引き起こされている（裁判数でいえば12件である）。以下では，まず事案を説明してから，遺言信託と遺留分との関係に焦点を絞って検討を進める。

（1）　事案

　2002年8月15日にAは遺言を作成し，60年間の信託を設定した。信託の目的財産はAの有する8件の不動産である。AにはY₁（男性），X₁（女性），X₂（女性）の3人の子がいる。また，Y₁にはY₂，Y₃，Y₄の3人の息子がいる。

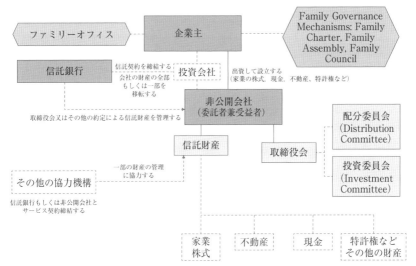

図1　家業承継のための信託の構造

由来：范瑞華，洪凱倫，李仲昀（2018），〈我國辦理家族信託內部委員會機制建置之研究——以美國為例〉，中華民國信託業商業同業公會委託研究報告，74頁（https://www.trust. org.tw/upload/107404590001.pdf）。

　この遺言信託の受託者はY₁であり，仮にY₁が信託期間中死亡した場合に，Y₁の子（すなわちAの孫）であるY₂とY₃が共同で新受託者となる。信託期間中，受益者はX₁，X₂，Y₁，Y₂，Y₃，Y₄の6人であり，受益権の割合はそれぞれ6分の1である。ただし，仮にX₁，X₂，Y₁が信託期間中に死亡した場合に，その受益権は消滅し，Y₂，Y₃，Y₄に平等に帰属することとなる。また，信託期間終了後，残余財産はX₁，X₂，Y₁，Y₂，Y₃，Y₄の6人に平等に帰属することとなるが，X₁，X₂，Y₁が信託期間終了前に死亡した場合に，その帰属権利は消滅し，Y₂，Y₃，Y₄に平等に帰属することとなる。

　Aは2004年9月20日に死亡した。その遺産は55,617,626元（約1.78億円（当時））で，債務は約740万元である。ちなみに，Aには配偶者がおらず，X₁，X₂，Y₁は法定相続人で，各自の相続分が遺産の3分の1であり，遺留分は6分の1である。つまり，外形上，Aの遺言はX₁，X₂，Y₁に対して遺留分割合に相当する割合の受益権を与えている。受託者Y₁は，2006年5月に

上記の不動産について，本件信託を原因とする所有権移転登記と信託登記を
経由した。その後，Y₁は第三者に信託財産を賃貸するように管理している。

・(2)　一審（彰化地方法院96（2007）年重家訴字第1号判決）の判断

　2007年にX₁とX₂は彰化地方法院に遺言信託の効力に関する訴えを提起し
た。X₁とX₂は，信託開始時にX₁が46歳，X₂が43歳であり，当時の女性平
均寿命が79.7歳であるのに鑑みると，信託終了時に生存し帰属権利を得る可
能性がほとんどないこと，また，X₁とX₂の相続人がX₁とX₂の権利すなわ
ち受益権又は帰属権利を相続により取得することが本件信託によって排除さ
れていることを理由として，本件信託が遺留分制度の潜脱を狙いとして，信
託制度を濫用するものであり，台湾の信託法5条[24]2号により公序良俗に
反して無効であると主張している。予備的に，たとえ本件信託が無効になら
ないとしても，本件信託によりX₁とX₂の遺留分が侵害されたとして，遺留
分減殺請求権を行使し，信託登記の抹消を請求した。ちなみに，本件の被告
は，X₁とX₂を除いたすべての受益者Y₁（兼受託者），Y₂，Y₃，Y₄である。

　一審判決（彰化地方法院96（2007）年重家訴字第1号判決）は，理由が少し異な
るものの，X₁とX₂の主位的請求をほぼ全面的に受け入れた。つまり，裁判
官は，遺留分を強行規定として解した上で，本件信託が強行規定である遺留
分の規定を回避する目的とする脱法行為[25]であり，無効であるというべき
であると判示し，信託登記の抹消を肯定した。そうすると，信託自体が崩壊
してしまい，遺産の配分はまるで遺言のない状態に戻ることとなる。

(3)　二審（台湾高等法院台中分院97（2008）年度重家上字第5号判決）
　の判断

　Y₁，Y₂，Y₃，Y₄は一審の判断に不服し，全員控訴した。二審（台湾高等
法院台中分院97（2008）年度重家上字第5号判決）は，一審と異なる見解を示した。
すなわち，本件信託は確かにX₁とX₂の遺留分を侵害したが，無効とならず，
X₁とX₂がそれに対して遺留分減殺請求を行使できるにすぎないとした。次
に裁判所は遺留分侵害額を計算した。X₁，X₂，Y₁の遺留分額は，それぞ
れ8,036,271元である（すなわち，（遺産55,617,626-債務7,400,000）×1/3×1/2＝
8,036,271)。また，X₁とX₂が相続により得られる遺産は，531,485元である（す

なわち，（遺産55,617,626-債務7,400,000-信託財産46,623,170）×1/3 =531,485)。言い換えれば，X_1とX_2の遺留分不足額は，8,036,271-531,485=7,504,786元ずつである。そして，遺留分不足額7,504,786元と信託財産46,623,170元との割合は，約1610/10000である。そうすると，信託財産は1610/10000の範囲内において遺留分減殺により遺産に回復されたため，1610/10000×2（X_1とX_2の二人分）=3220/10000の信託登記を抹消し，被相続人Aの所有する状態に回復しなければならないこととなった。

　要するに，一審と違って，二審判決の下では，遺言信託は直ちに無効になるわけではなく，遺留分減殺請求を受けた後の残余分（すなわち信託財産の6780/10000の持分）になお信託が存在しているとした。このことは後の関連した裁判例によって確認されている[26]また，本件は最高法院に上告されることなく確定したため，最高法院は遺留分に反する遺言信託の問題について見解を下していないままに至っている。

⑷　遺言信託と遺留分との関係について

　この判決をきっかけとして，遺言信託と遺留分との問題を以下の四点に分けて検討する。

①遺留分に反する遺言信託の効力

　遺留分に反する（あるいは遺留分を潜脱する）遺言信託の効力はどうなるのか。X_1とX_2の主張では，本件信託が遺留分制度を潜脱するもので，脱法行為であり公序良俗に反して無効であるのである。これもまた第一訴訟の一審の彰化地方法院の考え方であり，東京地裁平成30（2018）年9月12日判決[27]の見解に類似するように思われる。ただし，東京地裁判決は，信託のうち経済的利益の分配が想定されない3件の不動産の部分に限って無効となると判示したのに対して，彰化地方法院は，信託のすべてが無効であるというやや硬直的な見解を採っている。これによって，委託者Aの遺産配分意思が実現できず，遺産が法定相続人のX_1，X_2，Y_1に帰属されることとなる。この見解は，遺留分を侵害する遺贈の効力と比べれば，その不当さがはっきりする。すなわち，遺留分に反する遺贈が無効とならず，遺留分減殺を受けるにすぎないにもかかわらず，遺留分を回避しようとする遺言信託が直ちに無効とな

るというのはアンバランスであろう。二審の台湾高等法院台中分院は，この点については，信託が無効ではなく，遺留分減殺請求を受けるにすぎないという考え方に変更し，通説[28]と同様な立場を採用した。

　②　遺留分減殺請求の対象

　遺言信託に対する遺留分減殺請求が認められるのは疑問がないかもしれないが，減殺は，誰に対して何をどれだけ行使できるか，また，減殺後，信託自体がどうなるのか，つまり減殺の効果[29]が次の問題である。台湾の裁判例と学説とは，減殺請求の効果をめぐって異なる意見が見られる。

　日本では，この問題は一般的には信託財産説と受益権説との対立で整理されている。（以下の内容は，日本の平成30年相続法改正前の状況である。）日本において，信託財産説では，委託者から受託者への財産移転が遺留分侵害行為であり，遺留分額の算定において，当初信託財産の額が「贈与した財産の価額」として計算の基礎となる。これに対して，受益権説では，信託による受益者への受益権の付与が遺留分侵害行為であり，受益権額が「贈与した財産の価額」として計算の基礎となる[30]。

　台湾の学説は，遺留分減殺請求の計算と効果をめぐる個々の主張があるものの，日本のような信託財産説と受益権説という明確な対立軸を形成したわけではない。前述の(3)の台湾高等法院台中分院2008年判決もまた，どの説を採るかを明言したわけではないが，結論的には日本の信託財産説に近いといえる。すなわち，上記の(3)でわかるように，裁判所はX_1とX_2の遺留分侵害額（それぞれ7,504,786元）を計算した後，この侵害額と「信託財産額」（46,623,170元）との割合を計算して（約1610/10000），信託財産が1610/10000の範囲内において遺留分減殺により（X_1とX_2が有する）遺産に回復されると判示した。言い換えれば，信託財産自身すなわち委託者から受託者への財産移転が遺留分侵害行為とされ，遺留分減殺請求の効果として信託財産が減殺者と受託者の間の合有（X_1=1610/10000，X_2=1610/10000，Y_1=6780/10000）となる。つまり，X_1とX_2はそれぞれ1610/10000の信託登記を抹消することができる。

　これとは対照的に，東京地裁判決は，いわゆる受益権説に与して，受益権こそを遺留分減殺の対象とすべきであると述べ，原告の抹消登記手続請求を

否定した。ただし，東京地裁判決は，受益権の評価では，原告の生存（受益）可能年数と第二次受益者の存在を捨象して，直ちに信託財産の価格を受益権価格とした。このことから，東京地裁判決はむしろ信託財産説に親和的であると指摘する論者もある[31]。

　次に，台湾の裁判所の考え（信託財産説）は妥当であるのか。裁判例の事案に即していえば，受益権説を採るならば，遺留分権利者の生涯にわたる収益受益権の価値のほか，帰属権（残余権）の価値をも考慮しなくてはならないはずである。前者すなわち収益受益権は，遺留分権利者の生存中に限られるもので，価額の評価が不可能ではないものの複雑である。後者もまた（信託終了時に受益者が生存という）条件付きの権利で，金銭的に把握することは難しい。しかも，減殺請求するためには，上記の二つの権利の価額の評価は，遺留分減殺者である X_1 と X_2 の部分のみならず，被減殺者である Y_1 ないし Y_4 のそれぞれのものも計算しなければならない。

　総じていえば，受益権説では遺留分の計算を複雑化させるデメリットがある。東京地裁判決は，形式的には受益権説を採用したものの，この計算の煩雑さを避けるため，受益権総額を信託財産の価額に等しいものとして捉え，第二次受益者の存在を捨象して，残余権を無視したと指摘されている[32]。このような事情から，台湾の裁判所が信託財産説に近い取扱いをしたのも首肯できるであろう。

　　③　信託財産説の下で信託は存続するか終了するか

　さらに，信託財産説の下で減殺請求を認めた後，信託自体はどのようになるのか。日本の信託財産説によれば，遺留分減殺の結果として，信託財産は遺留分権利者と受託者の共有となるため，信託の破壊を招くと指摘されている。ただし，「信託の破壊」とは何かについて，日本の文献からは必ずしも明確に判断できない。また，遺留分減殺請求によって信託設定の全部が減殺されることは少なく，信託設定の一部が割合的に否定されることが多いとした上で，信託の破壊力は限定的であるとする見解がある[33]。これは，信託が減殺によって縮小されるものの，残余部分にはなお存続するというように読み取れる。台湾の前述した判決結果も同様であり，信託財産が係争不動産

の6780/10000に縮小されたが，信託はなおその上に存続している。これに対して，信託財産である不動産（マンション）が減殺によって，減殺者が1/4，受託者が3/4の持分を有する共有となり，場合によって信託目的不達成のために信託が終了すると説明する学説もある[34]。

　④　信託が存続するとしたら，受益権はどうなるのか

　信託財産に対して減殺請求した後，仮に信託が存続するとしたら，信託関係はどうなるのか。すなわち，減殺請求した遺留分権者は，なお信託の受益者の権利を有し，信託給付を受け続けられるのか。ここでは，遺留分権利者が同時に信託の受益者でもあるという状況を仮定する。上記の台湾の裁判例も東京地裁判決も，事案はこうである。

　このことに関して日本の学説は，信託の受益権を失うことが減殺請求の前提であるとする[35]。しかし，上述した台湾の裁判例（とその後の関連判決）は異なる見解を示している。事案に即して詳しく検討すると，まずは遺留分権利者X₁とX₂の不足額（遺留分侵害額）の計算を見てみよう。上述した(3)の2008年判決は，X₁とX₂の遺留分額（それぞれ8,036,271元）と，X₁とX₂が相続により得られる遺産額（531,485元）と比較して，遺留分侵害額を算出した(8,036,271-531,485=7,504,786元)。そのうち，「相続により得られる遺産額」は，「遺産総額55,617,626-債務額7,400,000-信託財産額46,623,170」をさらに三等分した金額である。要するに，判決では，X₁とX₂が「相続により得られる遺産額」は，信託から得られる受益権の価額が含まれていないのである。

　しかし，その後の関連判決では，X₁とX₂が，残りの信託財産（6780/10000）に対する各1/6の受益権をなお肯定した上で，Y₁がこの部分の信託財産を賃貸して得た賃金（信託利益）をX₁とX₂それぞれに1/6を支払うことを命じた[36]。このX₁とX₂が存続した信託に対してもなお受益権を享受するという扱いは，2008年判決の遺留分減殺請求の計算の前提（相続により得られる遺産額には，信託から得る受益権の価額が入れられていない）に抵触し，X₁とX₂にうまい汁が吸われることとなる。これに気づいた受託者兼遺留分権利者であるY₁側は，その後に遺留分減殺請求を主張した（正確にはY₁が死亡したため，その遺族であるY₂とY₃が主張した）。すなわち，いわゆる減殺の連鎖を起

こしてしまった[37]。

　具体的にいうと，信託が減殺後の残余財産に存続した場合に，仮に減殺者がなお信託利益を受ければ，減殺者は二重の利益を得てしまう[38]。そもそも遺留分侵害額の計算の際に，信託からの利益が，減殺者の得たものに含まれていない（そのため，侵害額が大きく計算される）。その後，仮に信託の利益を減殺者に与えれば，前述の計算の前提に反してしまう。減殺者は結局遺留分に相当する遺産を取得しただけでなく，さらに（小さくなった）信託からの利益も得られる。この過分の利益状態が，他の遺留分権利者（兼受益者）に知られてしまえば，他の遺留分権利者も当然，減殺請求をすることとなり，減殺の連鎖が生じる[39]。日本の学説が危惧した「減殺の連鎖」は，如実に台湾の裁判例に現れた。

　したがって，私見では，X_1とX_2が遺留分減殺請求を行使した以上，もはや信託の受益権を失い，その「相続により得られる遺産額」には，信託から得られる利益が含まれないのみならず，その後，実際には信託からの利益を取得すべきでもない。遺留分権利者が信託の受益者である場合には，減殺請求の前提としては，信託の受益権を放棄し信託関係から離脱することが要求される[40]。そうすると，X_1とX_2の受益権放棄は，まるで信託期間中死亡したのと同様な効果をもたらす。つまり，信託内容によれば，X_1とX_2が有したそれぞれ$1/6$の受益権は消滅し，第二次受益者であるY_2，Y_3，Y_4に平等に帰属することとなる。したがって，Y_2，Y_3，Y_4の信託の収益受益権は，それぞれ$5/18$（$1/6+1/18×2$）に増え，Y_1（の生存中）のそれは$1/6$のままである。また，X_1とX_2が主張した信託利益の給付は認められるべきでない。

　(5)　まとめに

　台湾の裁判所の見解は以下の四点にまとめることができる。第一に，遺留分を回避しようとした遺言信託は，必ずしも脱法行為や公序良俗の違反で無効とはならないが，遺留分に反する部分は減殺請求を受ける必要がある。第二に，減殺に関しては信託財産説に近い見解が採用された。つまり，減殺請求の対象は信託財産であり，減殺請求の効果は信託財産の減少と遺留分（所

有権・持分）の回復である。第三に，遺留分減殺請求によって信託の規模が縮小されるが，残りの財産の上に信託は存続している。第四に，一部の裁判例は，遺留分減殺者は存続した信託に対してなお受益者の権利を主張することができるという見解を採っている。第四点の判断には賛成しがたい。その理由として，遺留分減殺者の二重利得と減殺の連鎖が引き起こされるからである。減殺請求後，遺留分減殺者は信託を離脱して受益権を失うと解されるべきであろう。

　また，さらに補足すれば，遺言信託が遺留分を侵害したかを判断する際に，台湾の裁判所は，遺留分権利者が遺産の相続により得られる遺産については，「現在」に得られるものだけ，すなわち信託財産を除いた遺産を法定相続分に沿って相続人に配分されるものだけを認めている（詳しくは上述した⑷④を参照）。遺留分権利者が「現在」にまだ入手していないもの，すなわち信託期間中の受益権と信託終了後の帰属権は，遺留分算定の際には遺留分権利者が遺産の相続により得られる遺産として解されていない。言い換えれば，信託財産がまるで死者の手によって拘束されるもののようで，たとえその利益が将来いずれ遺留分権利者に分けられるとして，遺留分権利者が「現在」に有する財産とは一線を画する，というのが台湾の裁判所の見解であろう。このことから，台湾の裁判所の遺留分に対する考えは，「現在かつ絶対の権利である」[41]所有権に近いといえる。

V　むすびに

　信託は一種の財産管理の方法であり，成年後見制度の機能と重なる部分があるが，両者が併存する場合に，どのように調整するのか。例えば，委託者（兼受益者）が後見開始の前に信頼した者と信託契約を締結し，老後の財産管理と生活資金を計画しておいた。この信託はまさに委託者の財産管理に関する意思・選好である。これに対して，（法定）後見人等が本人の意思に合致する人選とは限らない。障害者権利条約の趣旨からすれば，支援にあたり障害者の主観的な選好はまず尊重されるべきである。しかし，民法は，後見人が被後見人を代理して信託に関する権利を行使することに特に制限する定めが

ない。安易に後見人の信託に関する代理権を認めると，被後見人の以前の好みが覆される危険がある。台湾では，後見人による信託の干渉について，信託監察人の指定あるいは終了権の放棄で対応しようとする。裁判例の見解からして，このような約定は法的効果があると考えられる。次に，信託が死亡後の財産配分に関わる場合に，遺言による財産処分が生ずる相続法上の問題，すなわち遺留分侵害に関する問題を避けることができない。今後，信託法と家族法・相続法との整合性について研究を深める必要があると考えられる。

　信託と後見人との関係は，以上のように，事前の約定によってある程度対処できるが，他方で，被後見人が以前締結した保険契約は，後見人との関係では信託ほど配慮されていない。台湾の最高法院 110（2021）年度台上字第 390 号判決とその関連判決は，後見人が被後見人の生命保険契約（被後見人が保険契約者兼被保険者）の保険金受取人を変更するための代理権を問題なく肯定した[42]。しかも，当該事案の中で，新しい保険人受取人は後見人自身であった。思うに，生命保険，信託と遺言のいずれも，表意者（保険契約者，信託の委託者，遺言者）の自らの財産の管理や配分に関するデザインであり，つまりエステイト・プランニングの一つの手段である[43]。遺言の内容変更や撤回が代理になじまず，遺言者の後見人が代理して受遺者を変更してはならないと一般的に考えられるのに対して，生命保険の保険金受取人の変更や信託の受益者の変更（ないし契約終了）に関しては，代理されてよいかに関する疑問がほとんどない。それは保険と信託に関わる権利の性質は，財産的なものとして位置付けられるからであろう。しかし，エステイト・プランニングに関する行為がすべて代理できるという結論，とりわけ後見人がその代理権行使の結果で利益を得ることに，不安を感じずにいられない。上述した台湾の信託のモデル約款は，信託に関わる権利の代理行使に対抗するため形成されたものである。けれども，保険契約に関わる権利が代理できるかに関して，台湾の裁判例は抵抗なく認めた。この問題を対処するため，台湾の生命保険業者もそろそろ，信託業者のように後見人による代理権行使に関する契約上の手配りを考えはじめる必要あろう。もっというと，信託に限らず，後見人が被後見人のエステイト・プランニング行為に関して代理されてよいのかに

ついて，今一度統合した視点から検討する必要があると考えられる。

【注】

1)　王志誠『信託法』（五南，8 版，2020年）10–15頁。

2)　改正案の内容は，行政院「完善公益信託制度　行政院会通過『信託法』部分條文修正草案」（2021年）＜https://www.ey.gov.tw/Page/9277F759E41CCD91/e53d5a60-de3a-41de-879a-11e7b435d206＞（最終閲覧日：2023/03/19）を参照されたい。

3)　金融監督管理委員会「信託2.0『全方位信託』推動計画」（2020年）1 頁＜https://www.fsc.gov.tw/userfiles/file/推動計畫.pdf＞（最終閲覧日：2023/03/19）。

4)　国家発展委員会『中華民國人口推估（2022年至2070年）』（2022年）2 頁＜https://pop-proj.ndc.gov.tw/upload/download/中華民國人口推估（2022年至2070年）報告.pdf＞（最終閲覧日：2023/03/19）。

5)　金融監督管理委員会・前掲注 3 ）3 頁。

6)　信託協会「信託の受託概況（2019年 9 月末現在）」（2019年）1 頁＜https://www.shintaku-kyokai.or.jp/archives/038/202103/trusts_20191216.pdf＞（最終閲覧日：2023/03/19）。

7)　信託協会・前掲注 6 ）1 – 2 頁。

8)　中華民国信託業商業同業公会のサイトから，「業務統計」の下に「民国一一一年度第四季信託業務統計」の表を参照＜https://www.trust.org.tw/tw/info/related-statistics/0＞（最終閲覧日：2023/03/19）。

9)　APG, Anti-Money Laundering and Counter-Terrorist Financing Measures – Chinese Taipei, Third Round Mutual Evaluation Report, APG, Sydney 26 (2019)＜https://www.fatf-gafi.org/content/fatf-gafi/en/publications/Mutualevaluations/Mer-chinese-taipei-2019.html＞（last visited: March 19, 2023）.

10)　今川嘉文等編著『誰でも使える民事信託〔第 2 版〕』（日本加除出版，2012年）38–39頁〔大貫正男〕。

11)　黄詩淳「台湾における障害者・高齢者支援の信託」実践成年後見41号（2012年）100頁。

12)　游基政『我国銀行発展老年安養信託之研究』台湾大学管理学院碩士論文（2011年）38–39頁。

13)　中華民国信託業商業同業公会「信託業承做高齢者及身障者財産信託資訊（含績効優良銀行名単）」＜https://www.trust.org.tw/tw/old-disability/trust/2＞（最終閲覧日：2023/03/19）。

14)　工商時報「預開型安養信託　規模衝46億」＜https://ctee.com.tw/news/finance/643601.html＞（最終閲覧日：2023/03/19）。

15)　陳棋炎・黄宗楽・郭振恭『民法親属新論』15版（三民，2020年）412頁。

16)　台湾の信託法 3 条は，「委託者と受益者が同一者でない場合に，委託者は信託行為時に留保がない限り，信託成立後受益者の変更又は信託の終了をしてはならず，受益者の権利を処分することもできない。ただし，受益者の同意を得たときは，その限りでない」と定めている。

17)　信託法63条 1 項は，「信託利益を委託者が全部有する場合に，委託者又はその相続人は随時信託を終了させることができる」と定めている。

18）この制度に関する考察は，黄詩淳「不動産の処分に対する台湾の裁判所の許可から成年被後見人の利益を考える」成年後見法研究10号（2013年）107-117頁を参照。

19）信託公会「老人安養信託契約参考範本」（https://www.trust.org.tw/upload/10800002680001.pdf）

20）具体的には，信託財産の給付の方法，金額，受取口座及び信託監督人の人選と報酬である。

21）新井誠『信託法〔第4版〕』（有斐閣，2014年）243頁。

22）調査の詳細は，黄詩淳・張永健・何叔孋・陳昱廷「3,179筆經公證，認證遺囑的實証研究」公証法学19期（2023年）掲載予定。

23）この部分の内容は，黄詩淳「遺言信託と遺留分」岡伸浩等編『高齢社会における民法・信託法の展開——新井誠先生古稀記念論文集』（日本評論社，2021年）189～205頁を参照して適宜に修正したものである。

24）台湾の信託法5条は，次のように定めている。「信託行為は，左記の場合に該当するときに無効となる。

　一，その目的が強行又は禁止規定に反するもの

　二，その目的が公の秩序又は善良の風俗に反するもの

　三，訴願又は訴訟の進行を主な目的とするもの

　四，法令によって特定の財産権を譲り受けることができない者を，当該財産権の受益者に定めるもの」

25）遺留分潜脱目的の信託の脱法性を指摘した台湾の学説はこれまで見られないが，日本では遠藤英嗣・新井誠「《対談》家族信託再考——その普及と課題」信託フォーラム6号8頁〔新井誠発言〕がある。

26）上述したように，Aの遺産に関して，本稿が取り上げた遺言信託と遺留分に関する訴訟のほか，別の争いもある。すなわち，信託の受託者Y_1は，信託財産である8件の不動産を第三者に賃貸したが，X_1とX_2に賃金を渡していない。そのため，X_1とX_2は，不動産の共有者（持分それぞれ1610/10000）及び信託の受益者である身分に基づいて，A死亡後の2004年10月から2009年12月末までの賃金に相当する不当利得と信託財産の収益をY_1に対して請求した。第一審は，彰化地方法院99（2010）年訴字第437号判決，第二審は，台湾高等法院台中分院101（2012）年度上字第115号判決，第三審は，最高法院102（2013）年度台上字第1163号判決，差戻し審は，台湾高等法院台中分院102（2013）年度上更（一）字第12号判決。各審はX_1とX_2と得られるべき割合について異なる見解を示したが，いずれも遺言信託がまだ不動産の6780/10000の持分に存続していること，及びX_1とX_2が受益者の資格を有することを肯定している。

27）金融法務事情2104号78頁。

28）ここでは本件の裁判例が発生するまでの学説のみを挙げる。林炫秋「論遺囑信託之成立与生効力」興大法学2期（2007年）66頁，潘秀菊「従遺囑信託与成年安養信託探討台湾現行信託商品於発展上所面臨之障礙与突破」月旦財経法雑誌17期（2009年）103頁。

29）台湾の遺留分減殺請求の性質と効果は，日本の平成30年相続法改正前の状況に類似するが，異なる部分もある。すなわち，遺留分減殺請求権が物権的形成権であり，その効果は現物返還であるものの，遺産分割前にそれがなされれば，返還されるものは合有の遺産に戻り，減殺者と被減殺者との間の共有物とならない。詳しくは，黄詩淳「第六部　台湾法」大村敦志監修『相続法制の比較研究』（商事法務，2020年）387-

397頁。

30）日本の学説のまとめは，沖野眞已「信託契約と遺留分——東京地裁平成30年 9 月12 日判決を契機として」沖野眞已・笠井修・錢偉栄編『比較民法学の将来像——岡孝先 生古稀記念論文集』（勁草書房，2020年）538-540頁を参照されたい。

31）沖野眞已・私法判例リマークス59号（2019年）73頁，沖野眞已・前掲注30）545頁。

32）張斯琪・ジュリスト1540号（2020年）98頁，沖野眞已・前掲注30）544頁，溜箭将之 「信託と遺留分の相克は解けないか——英米法研究者の思考実験」立教法学101号 （2020年）98，101頁。

33）能見善久「財産承継的信託処分と遺留分減殺請求」能見善久編著『信託の理論的深 化を求めて』（トラスト未来フォーラム，2017年）134頁。

34）沖野眞已・前掲注31）49頁

35）三枝健治「遺言信託における遺留分減殺請求」早稲田法学87巻 1 号（2011年）52頁 注（24）の解釈①は，受益権を失うことを明確に述べている。また，加藤祐司「後継 ぎ遺贈型の受益者連続信託と遺産分割及び遺留分減殺請求」判例タイムズ1327号 （2010年）25頁は，「受益者が受益権を放棄して，遺留分減殺請求をなすことができる か」という問題を提起して，肯定する見解を示したが，ここの問題とはやや異なる。

36）彰化地方法院99（2010）年訴字第437号判決，台湾高等法院台中分院101（2012）年 度上字第115号判決，最高法院102（2013）年度台上字第1163号判決，台湾高等法院台 中分院102（2013）年度上更（一）字第12号判決，彰化地方法院104（2015）年訴字第 352号判決。

37）彰化地方法院107（2018）年家継訴字第 5 号判決。

38）黄詩淳「遺嘱信託与特留分扣減——台湾高等法院台中分院97年度重家上字第 5 号判 決」台湾法学雑誌326期（2017年）227頁。

39）減殺の連鎖は，角紀代恵「遺言と遺留分をめぐって」能見善久・樋口範雄・神田秀 樹編著『信託法制の新時代——信託の現代的展開と将来展望』（弘文堂，2017年）66 頁に指摘されるが，角教授は，受益者が受益権を放棄して遺留分減殺請求するという 見解に必ずしも賛成していない。

40）黄詩淳「信託与継承法之交錯——以日本法為借鏡」台大法学論叢49巻 3 期（2020 年）964-965頁。なお，新井誠「信託と強制相続分・遺留分を巡る問題」国学院法学 31巻 4 号（1994年）20-21頁は，イギリス法を考察し，遺留分回復の訴えを起こさせ ないように受益者を定め，あるいは，受益者が遺留分回復請求権を行使した場合に受 益権を剥奪する趣旨を信託に入れることを提示する。本稿は，このような信託内容が 明示されていない場合でも，裁判所は，複数の遺留分権利者兼受益者の間の公平を維 持するために，受益権の放棄を遺留分減殺の前提にすべきであると主張したい。

41）川淳一「受益者死亡を理由とする受益連続型遺贈・補論」野村豊弘・床谷文雄編著 『遺言自由の原則と遺言の解釈』（商事法務，2008年）150頁は，遺留分制度が，遺留 分権者に現在かつ絶対の権利を保障するものだと論じている。

42）この事件では，保険受益者の変更が（元の受益者に対する）不法行為に該当するの か，変更の効力が有効なのかが争点であった。訴訟は既に最高法院によって 2 回にわ たって原判決を破棄し原審に差し戻され，まだ確定していないが，いずれの裁判所も， 後見人が保険金受取人を変更することについて代理権を有することを認めている。

43）例えば，ロバート・Ｊ・リン著＝トラスト60エステイト・プランニング研究会訳『エ ステイト・プランニング』（木鐸社，1996年）は，遺言，信託，保険，年金等制度を

並べている。

（Sieh-Chuen Huang／台湾大学法律学院教授）

総　括

　オンライン方式の困難を克服し，「超高齢社会に備えるための遺言及び信託の活用」というテーマをもって開催された第11回新・アジア家族法三国会議が無事に行われた。会議の進行に苦労した報告者，ディスカッションに参加した参加者の皆様に感謝するとともに，オンライン接続のために労心焦思した事務局スタッフ陣の労苦にも感謝申し上げる。

　「超高齢社会に備えるための遺言及び信託の活用」というテーマで開催された第11回新・アジア家族法三国会議は，報告とディスカッションを通じて多くの示唆を得た。超高齢社会の到来時期と程度に応じて，高齢者が自己の意思に応じて，老後の身上保護と財産管理，財産承継を図ることを裏付けることが可能となる遺言と信託の法と制度は，日本，台湾，韓国の間に若干の違いがあったが，超高齢社会の到来が最も早い日本での取組が最も活発であり，台湾と韓国がその傾向に追いつかんとしている状況だと要約できる。

　「高齢者の自己決定による生活設計と財産承継」というテーマで報告した赤沼康弘弁護士は，台湾や韓国ではまだ馴染みが薄い「見守り契約」，「サポートサービス業」について言及し，遺言による財産承継の現状を紹介した。特に2020年7月から施行された自筆証書遺言の保管制度についても，利用状況の報告があり，この制度の導入を議論している韓国にとって，多くの示唆に富むものと思われる。遺言の解釈に関する判例の動向の紹介もあり，また，遺留分により事業（経営）承継が制約される障害を克服するための日本特有の「経営承継円滑化法」の利用程度が低調な理由を指摘し，2018年の相続法改正に伴う成果と問題点も挙げられた。その他，任意後見制度の運用上の課題についても報告があった。

　「高齢社会における信託」について報告した新井誠中央大学研究開発機構教授は，まさに信託制度の擁護者と言える。新井教授は，単純な財産管理制度としての信託ではなく，後見制度を補完する機能があることを強調しつつ，信託の特性である「財産管理の独立性」を活用し，民法上では不可能な目的

を達成できる「転換機能」（①意思凍結機能，②受益者連続機能，③受託者裁量機能）を積極的に活用すれば，成年後見制度を代替する手段となることができるとした。そして，その具体的な活用例として，2012年2月に導入された「後見制度支援信託」を挙げ，この制度の運用状況を紹介し，この制度の発展と定着を希望している。成年後見分野での信託活用の可能性を具体的な実例を挙げて説明し，これを「福祉型信託」と呼びながらも，濫用の懸念を指摘している。

　韓国の西江大学校法学専門大学院の崔秀貞教授の報告は，「韓国民法上財産承継のための遺言とその代案としての信託」に関するものであった。超高齢社会の到来により遺言を活用した財産承継の可能性が高まっているが，現行遺言法は，そのような要請に応えていないことを指摘し，遺言の方式，遺言執行制度，遺留分制度での改善の必要性を強調した。そして，遺言に代わる信託法上の制度である遺言代用信託を紹介した。

　「超高齢社会における信託の活用状況と課題」について報告した金相勲弁護士からは，2011年信託法制定で導入された遺言代用信託を活用し，①高齢者の認知症に備え，②子どもから親の財産保護，③財産管理能力のない子どもの保護を図り，「親孝行契約」に代わって贈与信託制度を活用しようとする提案があった。遺言代用信託の活用を阻害する可能性のある遺留分との関係に関する実務例と学説を紹介し，判例の立場整理を期待しながら，税制上の問題と株式信託を活用した家業承継の可能性を高めるための方策を提示した。

　台湾の輔仁大学法学部の黄淨愉准教授は，「高齢者のニーズから台湾における遺言制度を検討する」と題して報告した。台湾でも，遺言の利用率が高まっているが，成年被後見人及び被保佐人の遺言能力，自筆証書遺言の方式緩和論及び代筆証書遺言の廃止論に関する報告者の見解を披瀝した。また，特別収益分調整と被相続人の意思尊重，2016年民法改正案上の遺留分調整と兄弟姉妹の遺留分廃止に対する反対論を主張しており，兄弟姉妹の遺留分廃止を推進している韓国での議論にも有益な内容であった。負担付遺贈を通じた高齢者の死後の葬祭や特定人の生活配慮の可能性，遺言の保管や遺言執行

に関する台湾法上の改善課題について説明した。

　台湾大学法律学院の黄詩淳教授は，「台湾における財産管理と財産承継のための信託の活用の現状と課題」について報告した。黄教授の報告によると，信託法制の発展は三国で最も遅いと言えるようである。商事信託中心の信託運用状況において，信託業の管轄機関である「金融監督管理委員会」が2020年「信託2.0」プロジェクトを樹立・施行し，初めて高齢者の財産管理，医療介護，そして財産承継のための信託が利用されることとなったようだ。高齢者・障がい者の生活を支援するための信託として，「老人・障害者安養信託」という信託商品が取り扱われ，死後の財産承継のための信託としては，「遺言信託」があるが，活用度は落ちているとのことで，遺言信託と遺留分との関係に関する判例も紹介された。

　超高齢社会を迎え，高齢者が自分の意思に基づいて，老後の身上保護と財産管理，財産承継を設定し，それを裏付けることができる現行遺言と信託法制は，同時に多くの解決課題を抱えている状況と言える。それでも最近行われた日本遺言法制の改正は，その課題を解決し，ニーズに応えるためのものだと評価することも可能であろう。台湾と韓国でも，さらなる改善が成し遂げられることが望まれる。

　例外的な代襲相続の場合には，1件の相続が3世代まで影響することがあり得るが，現行相続法は，被相続人と相続人という2世代の間の財産承継を前提としている。しかし，超高齢社会では，第4世代の財産承継，すなわち「親の扶養，自身の老後，子ども扶養，孫の世話」まで続く財産承継を考慮しなければならない。信託は，このような需要を満たすことができる有用な制度であると言われている。

　新井教授が指摘したとおり，信託の特性である契約の自由と信託財産の独立性を活用すれば，老後の身上保護と財産管理はもちろん，財産承継に至るまで多様な需要を満たすことができる。単独行為としての性質と厳格な要式主義と法定主義の遵守が要求される遺言よりは，より弾力的に対応できる可能性がある。もちろん，信託を総合的な資産管理と承継のためのプラットフォームとして位置づけるためには，解決すべき課題は多い。会議でも，遺

言，特に遺留分制度との関係，税制上の問題が多く指摘された。実務が先行し，法と制度がそれに続くほかないという現状を踏まえると，本日のような会議を通じて，智恵を集めることが何より重要であろう。

　最後に，本日の会議のために支援を惜しまなかった日本加除出版株式会社の和田社長と事務局関係者に感謝を申し上げたい。また，オンライン形式での開催となった中で，報告と討論に尽力された3か国の報告者と，参加者の皆様にも感謝を申し上げるとともに，このような国際学術交流の輪がさらに広がっていくことを祈念したい。

　2023年7月

高麗大学校法学専門大学院名誉教授　申　榮　鎬

Life Planning and Property Succession for the Elderly

AKAMUNA, Yasuhiro
(Attorney-at-Law)

Based on the use of the voluntary guardianship system, a monitoring contract is made so as not to lose sight of the opportunity to exercise voluntary guardianship, and a voluntary property management contract is concluded according to the desire to entrust troublesome affairs to others before the ability to make decisions declines. In addition, a series of plans are being used, such as creating a posthumous service delegation contract that entrusts the funeral and posthumous paperwork immediately after death, and a will that allows the inheritance of property according to one's own decision.

Trusts in the Ageing Society

Prof. Dr. Makoto ARAI
(Chuo University)

Trusts can be used to manage the assets of the elderly or disabled. It is arguably important to enable trusts to respond to varied individual needs; trusts are ordinarily individual matters and their use should centre on personal trusts. Thus far, however, in Japan the focus of the trust business has been on collective trusts – a situation which makes it difficult to claim that personal trusts have developed sufficiently. Given Japan's ageing society, it is desirable that the trust business evolves to encompass personal trusts. To this end, it is necessary not only to promote awareness of the trust banks that carry out trust business, but also to launch a debate as to the best way to regulate the supervisory authorities.

Although trusts are a system for managing assets, they are not a system for personal affairs; there is therefore a risk that using trusts in such a way may cause the personal welfare aspect of asset management to be neglected. It is difficult in personal trusts to distinguish between asset management and personal affairs; but such a distinction is unnecessary. For example, the purpose of a special donation trust is to contribute to the stable life of a beneficiary who is a person with special disabilities. However, this is not purely a matter of asset management; it is also a matter of personal affairs. It is unnecessary for the trustee to take direct responsibility for the care of the beneficiary; but because personal welfare matters are inevitably linked to the management of the trust assets, a forward-looking stance is essential for the future popularisation of personal trusts. At the very least, it should be entirely possible (eg, through coordination with adult guardianships under civil law) to position trusts within the support system that is provided for all aspects of the lives of the elderly people who are the beneficiaries.

Furthermore, in order to popularise personal trusts, Japan must establish an understanding of the need to pay appropriate trust fees. The notion that welfare is a benefit provided by the government must be eradicated; a change of perception is required, whereby users understand more about how to 'buy' personal trusts. This will doubtless correspond with an increasing tendency for the trust business to be a fee-paying business. Of course, there will naturally be a need for settlors to develop their knowledge of personal trusts as fee-paying trusts and to share this knowledge with users. Finally, in order to popularise personal trusts, it will be necessary to nurture corporate trustees that can execute such trusts in an appropriate manner.

New developments regarding personal trusts have emerged in recent years. The first is the education fund donation trust: a new form of trust designed to transfer assets of the elderly to younger generations and support education and human resources. This was introduced pursuant to the tax exemption measures on donations relating to one-off education fund donations, in tandem with revisions to the taxation system in 2013. For example, in the event that grandparents create a trust and appoint a trust bank as trustee for educational funds, of which the beneficiary is a grandchild, and entrust the bank with cash, sums of up to ¥15million will be exempt from donation tax. Trusts such as this are typically personal trusts and are often mentioned in UK and US textbooks on trust law.

The second type of trust users special contract cash trust schemes to help systematically distribute funds for everyday life. The settlors deposit funds for day-to-day life in a cash trust and receive regular payments to cover their living costs as the beneficiaries (self-benefit trusts). When the settlor begins to inherit, a beneficiary, designated by the settlor from among the heirs presumptive, receives a one-off payment. After the settlor has begun to inherit, a person designated by the settlor from among the heirs presumptive to receive the residual funds receives the residual funds of the trust.

These two types represent a significant contribution to the development of personal trusts in Japan and their future direction merits close attention.

Wills and Trusts in Korea

Choi, Su Jeong
(Sogang University, School of Law)

A will which does not conform to any of legal forms is null and void, even though it corresponds to testator's intent. There are some precedents which acknowledge the validity of wills by broad interpretation of the term 'address' or by applying the harmless error doctrine in the cases of holographic wills. But fundamentally the strict formalism is maintained. It caused various conflicts and the discussions resulting from these experiences ask for a proper approach *de lege ferenda* : introducing testament storage system, permitting signature instead of seal, providing voice recording will as a special method that can be established in emergencies, modifying the process of administration of wills and the institution of compulsory shares.

However trusts are very flexible devices for structuring the benefits that property can provide as well as protecting the assets. So trusts are useful for the aged who are looking for ways to protect and manage assets according to their needs and succeed them. For this purpose the Trust Code provide the *inter vivos* trust as will substitute and the successive beneficiaries trust. But the systematic construction in accordance with the Civil Code is still under discussion.

Current status and issues of Trust in a super-aged society

Sanghoon Kim
(Attorney at Law (TRINITY LEGAL), Ph.D. in Law)

In Korea there are two types of inheritance: inheritance by a will and by a law. In order to inherit by the will of an ancestor, a will must be taken, but there are 1. temporal limits that can be withdrawn before death, 2. formal restriction, and 3. content restriction. Therefore, 'Trusts as Will Substitutes (Living Trust)' was introduced to make up for the limits of the will and to continue the will of an ancestor.

As an example, an ancestor can secure hospital and living expenses stably by setting up Living Trust in advance in case of dementia. By prohibiting a disposal of the trust property before ancestor's death, unauthorized disposal can be prevented. Living Trusts can also be used as 'protection of children who lack property management skills', and 'alternatives to filial duty contracts'.

However, there are several obstacles of Living Trust. First, there is no precedent of the Supreme Court on whether Living Trust property is excluded from the subject of forced share. Second, tax issues. In Korea, there is no tax benefit of Living Trust, and its tax system has not been set up clearly. Third, 'Financial Investment Services And Capital Markets Act' prohibits trustee from exercise the voting rights of excess stocks, where such stocks have been acquired in excess of 15 percent of the total number of the stocks issued by an identical corporation. These issues make ancestors hesitate to choose Living Trust as their succession plan. These must be solved to invigorate Living Trust in a super-aged society.

A Discussion on Taiwan's Testament System from the Needs of the Elderly

Ching-Yu Hwang

(Associate Professor, Department of Law, Fu Jen Catholic University)

Data have shown that people in Taiwan are gradually willing to distribute their inheritance and arrange matters after they die by making a will. However, only a small amount of people so far choose to make a will. By taking demands of the elderly into consideration and referring to academic and practical opinions, this research finds that the defects of Taiwan's testament system include restricting persons under guardianship or assistance (declaration of assistance) to make a will, having extremely strict requirements for holographic testaments, and being unfriendly to the elderly. In addition, a unified testament custody system has not been established in Taiwan, and the validity of a testament and the executor's responsibilities have not been clearly defined. Therefore, testaments may not be strictly implemented even though they are valid. Unfortunately, no improvements have been made to the above-mentioned deficiency in the 2016 Civil Code Amendment.

The Legal Issues of Trusts Used for Asset Management and Conveyance in Taiwan

Sieh-Chuen Huang

(Professor, College of Law, National Taiwan University)

Taiwan's Trust Law has a short history of fewer than 30 years. The trust system has not always been familiar to the general public, and commercial trusts are more developed than civil trusts. In order to prepare for the coming super-aged society, the Financial Supervisory Commission (FSC) in Taiwan declared the "trust 2.0" project in 2020 to promote the use of trusts for people's asset management, medical care, daily life, construction of elderly housing, etc. Trusts have two important functions: administration and conveyance of wealth. When focusing on the administration part, management trusts where the trust bank performs the trustee are encouraged by the FSC to protect the financial security of elders and people with disabilities (beneficiaries). But when the beneficiary of the trust becomes a ward under guardianship, it is a problem that his/her guardian, who is a legal representative, to have the power to amend or terminate the trust. On the other hand, when looking at the conveyance function of trusts, whether passing the wealth through a trust is a kind of testamentary behavior and restricted by a reserved portion in the civil law becomes another legal issue. This paper will examine the relations between trusts and family law mechanisms such as adult guardianship and wills.

超高齢社会に備えるための遺言及び信託の活用

2023年9月1日　初版発行

編　　者　　新・アジア家族法三国会議

発 行 者　　和　田　　　裕

発 行 所　　日 本 加 除 出 版 株 式 会 社
本　　　社　　〒 171 − 8516
　　　　　　　東京都豊島区南長崎3丁目16番6号

組版　㈱象川印刷　　印刷・製本　スピックバンスター㈱

定価はカバー等に表示してあります。
落丁本・乱丁本は当社にてお取替えいたします。
お問合せの他、ご意見・感想等がございましたら、下記まで
お知らせください。

〒 171-8516
東京都豊島区南長崎3丁目16番6号
日本加除出版株式会社　営業企画課
電話　　03-3953-5642
FAX　　03-3953-2061
e-mail　toiawase@kajo.co.jp
URL　　www.kajo.co.jp

日本・韓国・台湾を中心にアジアにおける家族法諸問題の著しい変化と、関連する法制度をめぐる動き・課題を探り、学会と実務に寄与することを目的とした「新・アジア家族法三国会議」の成果を集約した書

[第9回]
養育費の算定と履行確保

新・アジア家族法三国会議 編
2020年11月刊 A5判 184頁 定価3,960円（本体3,600円）

[第10回]
離婚後の親子関係

新・アジア家族法三国会議 編
2022年9月刊 A5判 140頁 定価3,300円（本体3,000円）

日本加除出版

〒171-8516　東京都豊島区南長崎 3 丁目16番 6 号
営業部　TEL（03）3953-5642　FAX（03）3953-2061
www.kajo.co.jp